A SEDE DE *Jesus*

Pe. Valter Maurício Goedert

A SEDE DE Jesus

Paulinas

Dados Internacionais de Catalogação na Publicação (CIP)
Angélica Ilacqua CRB-8/7057

Goedert, Valter Maurício
  A sede de Jesus / Valter Maurício Goedert. - São Paulo : Paulinas, 2025.
  96 p.(Coleção Mística)

  ISBN 978-65-5808-347-4

  1. Jesus Cristo 2. Amor 3. Misericórdia 4. Vida cristã 5. Fé I. Título II. Série

25-0055   CDD 230

Índice para catálogo sistemático:
1. Jesus Cristo

Citações bíblicas: Bíblia Sagrada, Brasília,
Edições CNBB, 2022.

1ª edição – 2025

Direção-geral:	*Ágda França*
Editora responsável:	*Maria Goretti de Oliveira*
Coordenação de Revisão:	*Marina Mendonça*
Copidesque:	*Mônica Elaine Costa*
Revisão:	*Sandra Sinzato*
Gerente de produção:	*Felício Calegaro Neto*
Produção de arte:	*Elaine Alves*
Capa:	*Imagens do @Freepik, geradas por inteligência artificial*

Nenhuma parte desta obra poderá ser reproduzida ou transmitida por qualquer forma e/ou quaisquer meios (eletrônico ou mecânico, incluindo fotocópia e gravação) ou arquivada em qualquer sistema ou banco de dados sem permissão escrita da Editora. Direitos reservados.

Cadastre-se e receba nossas informações
paulinas.com.br
Telemarketing e SAC: 0800-7010081

Paulinas
Rua Dona Inácia Uchoa, 62
04110-020 – São Paulo – SP (Brasil)
(11) 2125-3500
editora@paulinas.com.br
© Pia Sociedade Filhas de São Paulo – São Paulo, 2025

Sumário

Apresentação 7

Introdução 9

Hino da sexta-feira da Quaresma.............................. 12

1. Sede de amor 13

2. Sede de justiça 18

3. Sede de misericórdia 22

4. Sede de esperança 26

5. Sede de perdão 33

6. Sede de paz 37

7. Sede de reparação.. 43

8. Sede de unidade... 47

9. Sede de honestidade 52

10. Sede de fraternidade 56

11. Sede de verdade 61

12. Sede de entrega 67

13. Sede de gratidão 72

14. Sede de oração 75

15. Sede de vida 87

Conclusão 92

Apresentação

Como pode ter sede quem sacia todas as sedes? Como pode a fonte do amor ter necessidade de ser amado? Deus é amor, ensina São João (1Jo 4,16). Ele nos amou primeiro, e nos ama até o fim. Seu amor não tem medida nem limites. "Dai graças ao Senhor porque ele é bom, eterna é a sua misericórdia" (Sl 117[118],1). Deus Amor sacia todas as sedes humanas.

Na Cruz, Jesus teve sede, sede do nosso amor, da nossa gratidão, da nossa reparação. Francisco de Assis chorava porque "o Amor não era amado". Quantas lágrimas derramamos porque o Amor não é amado por causa das nossas fraquezas, dos pecados que cometemos, das ingratidões ao seu divino Coração?

A sede de Jesus será saciada pela fidelidade ao seu Evangelho, pela entrega aos mais necessitados, pela acolhida aos excluídos, pelas visitas aos doentes e aprisionados, pelo acolhimento aos peregrinos, pela oferta de pão aos famintos e água aos sedentos, pelas vestes com as quais cobrimos os nus.

Espero que as páginas deste livro abram seu coração, caro leitor, para que sua sede, uma vez saciada pelo amor de Deus, sacie a sede de Jesus nos nossos irmãos.

Dom Orlando Brandes
Arcebispo de Aparecida do Norte, São Paulo

Introdução

O Papa Francisco e seus colaboradores da Cúria Romana realizaram os exercícios espirituais na Casa Divino Mestre, em Arícia, Itália. *A sede de Jesus* foi o tema proposto na quinta meditação pelo pregador do retiro, o Pe. José Tolentino de Mendonça (hoje cardeal), na tarde da terça-feira, 20 de fevereiro de 2018.

"No encontro com a samaritana, enfatizou o Cardeal Tolentino, há uma mudança de papéis que não nos deve passar despercebida: Jesus pede de beber, mas é ele quem dá a beber. Começa a conversa pedindo de beber, mas não só a mulher não lhe oferece água do poço como também é Jesus quem lhe promete água viva. A samaritana, porém, não percebe logo as palavras de Jesus, pois ela interpreta-as como referindo-se a uma sede física. Mas, desde o princípio, Jesus jogava com um sentido espiritual" (José Tolentino de Mendonça, *Elogio da sede*, São Paulo, Paulinas, 2018, pp. 69-70).

Deus é amor, e assim Jesus manifestou o amor, mostrando sua sincera preocupação pelos homens.

O versículo de João 19,28 relata um momento durante a crucificação de Jesus, quando ele disse: "Tenho sede". Isso aconteceu depois que Jesus sabia que todas as coisas que deveriam ser feitas para cumprir as Escrituras haviam sido cumpridas.

Essa afirmação de Jesus, "Tenho sede", tem vários significados. Primeiro, é um testemunho da humanidade de Jesus. Mesmo sendo Deus, ele ainda experimentou a sede e as dores físicas da crucificação. Em segundo lugar, a declaração "Tenho sede" cumpriu uma profecia do Salmo 69(68),22, que diz: "E deram-me fel por mantimento, e na minha sede me deram a beber vinagre".

"Na verdade, a sede de que fala Jesus, comenta o Cardeal Tolentino, é uma sede existencial que se satisfaz fazendo convergir a nossa vida na direção da sua. Ter sede é ter sede dele. Somos assim chamados a viver de uma centralidade criptológica: sair de nós mesmos e procurar em Cristo aquela água que sacia a nossa sede, vencendo a tentação da autorreferencialidade que tanto nos adoece e tiraniza" (José Tolentino de Mendonça, ibidem, pp. 72-73).

Jesus falou à samaritana: "Todo aquele que bebe desta água terá sede de novo; mas quem beber da água que eu lhe darei, esse nunca mais terá sede. E a água que eu lhe der se tornará nele uma fonte de água que jorra para a vida eterna" (Jo 4,13-14). Sabemos como é a sede da vida; não é só a sede de água. Existe uma sede mais profunda em nós, uma sede de amor, de eternidade, de cuidados, de sermos curados, e este mundo não sacia essa sede, pelo contrário, aumenta-a ainda mais. Só Jesus pode preencher o vazio que, muitas vezes, toma conta da nossa existência.

Santo Efrém comenta: "O sedento enche-se de gozo ao beber e não se aborrece por não poder esgotar a fonte. Vença a fonte a tua sede, mas não vença a tua sede a fonte. Pois se tua sede se sacia sem que a fonte se esgote, quando estiveres novamente sedento, dela poderás beber. Se, porém, saciada a tua sede também se secasse a fonte, tua vitória redundaria em mal" (Santo Efrém, séc. IV, 1,18-19: SCH 121, 52-53).

A sede de Jesus é uma sede de amor pelas pessoas. A sua sede é que cada um de nós viva plenamente em união com ele. Sua sede rompe as cadeias do egoísmo, da injustiça, do desamor, da infidelidade. Jesus quer nos libertar para que vivamos plenamente seu amor misericordioso.

Como na fonte de Jacó, também hoje o Senhor Jesus Cristo é a única fonte de água viva. As palavras do Senhor ao povo de Israel, transmitidas pelo profeta Jeremias, descrevem a condição de muitos nos dias de hoje: "Abandonou-me a mim, fonte de água viva, para cavar cisternas para si, cisternas rachadas que não contêm água" (Jr 2,13).

Hino da sexta-feira da Quaresma

Na mesma hora em que Jesus, o Cristo,
sofreu a sede, sobre a cruz pregado,
conceda a sede de justiça e graça
a quem celebra o seu louvor sagrado.
Ao mesmo tempo ele nos seja a fome
e o Pão divino que a si mesmo dá;
seja o pecado para nós fastio,
só no bem possa o nosso gozo estar.
A unção viva do divino Espírito
impregne a mente dos que cantam salmos;
toda frieza do seu peito afaste,
no coração ponha desejos calmos.
Ao Pai e ao Cristo suplicamos graça,
com seu Espírito, eterno bem;
Trindade Santa, protegei o orante,
guardai o povo em caridade! Amém.

1

Sede de amor

Quem não se comove ao ler este episódio tão simples, mas que revela a profunda devoção de São Francisco para com a Paixão do Senhor?

> Poucos anos depois de sua conversão, ao caminhar certo dia sozinho por um caminho não muito longe da igreja de Santa Maria da Porciúncula, ia chorando em alta voz e lamentando. E, ao caminhar desse modo, encontrou-o um homem espiritual [...]. Movido por piedade para com ele, interrogou-o, dizendo: "Que tens, irmão?" Pois julgava que tivesse a dor de uma enfermidade. E ele respondeu: "Assim eu deveria ir chorando e lamentando sem vergonha por todo o mundo a Paixão do meu Senhor". E esse homem começou a chorar e derramar muitas lágrimas juntamente com ele (*Compilação de Assis*, 78).

O amor é tão fundamental para o ser humano que não conseguimos viver sem ele. Quem não quer ser amado? Quem não tem necessidade de ser amado? A sede de amor é, por vezes, mais dolorosa que a sede de água. Santo Ambrósio exorta:

> Fujamos, como os cervos, para as fontes das águas. Que a nossa alma sinta a mesma sede de Davi. Qual é esta fonte? Escuta o que ele diz: "Em vós está a fonte da vida" (Sl 36[35],10). Diga minha alma a esta fonte: "A minha alma tem sede de Deus, do Deus vivo: quando terei a alegria de ver a face de Deus?" (Sl 42[41],3). Porque a fonte é o próprio Deus (*Tratado sobre a fuga do mundo*, Cap. 6,36; 7,44: 5; 9,52: CSEL32, 92.198-199.204).

Santa Margarida Maria Alacoque é muito conhecida por ser uma grande divulgadora da devoção ao Sagrado Coração de Jesus. Nasceu em Borgonha, na França, em 1647, de uma família rica e muito católica. Aos vinte e quatro anos, conseguiu entrar para a Ordem da Visitação. Escreveu uma autobiografia em obediência ao seu diretor espiritual, um padre jesuíta que via nela todos os elementos da santidade. A vida de Santa Margarida foi marcada pelo Sagrado Coração. Sua experiência com o Senhor, que lhe apareceu, mudou completamente sua vida e também foi muito importante para a Igreja. Santa Margarida Maria Alacoque morreu em 1690. Foi beatificada pelo Papa Pio IX, em 1864, e canonizada por Bento XV, em 1920.

Na primeira grande aparição, Jesus lhe revelou: "Meu Coração está tão apaixonado de amor pelos homens, e por ti em particular, que, não podendo mais conter em si as chamas de sua ardente caridade, é preciso que as espalhes por teu intermédio e lhes reveles, para que se enriqueçam com seus preciosos tesouros" (Santa Margarida Maria Alacoque, *Autobiografia*).

O amor de Cristo nos une de tal forma que não poderemos jamais viver sem ele. Nele está nosso ser e nosso viver. São Paulo assegura: "Tudo é vosso, mas vós sois de Cristo, e Cristo é de Deus" (cf. 1Cor 3,22-23). Santo Agostinho comenta essa profunda unidade com Cristo, quando afirma:

> Deus não poderia conceder dom maior aos homens do que dar-lhes como Cabeça a sua Palavra, pela qual criou todas as coisas, e a ela uni-los como membros, para que o Filho de Deus fosse filho do homem, um só Deus com o Pai, um só homem com os homens. Por conseguinte, quando dirigimos a Deus nossas súplicas, não separemos dele o Filho; e, quando o corpo do Filho orar, não separe de si sua Cabeça. Desse modo, o único Salvador de seu corpo, nosso Senhor Jesus Cristo, é o mesmo que ora por nós, ora em nós e recebe a nossa oração... Nossa oração, pois, se dirige a ele, por ele e nele; oramos juntamente com ele e ele ora juntamente conosco (Sl 85,1: CCL 39, 176-177).

Na terceira aparição, Jesus se queixa a Santa Margarida:

> Eis o Coração que tanto tem amado os homens, que nada tem poupado, até esgotar-se e consumir-se para testemunhar-lhes o seu amor. E, em reconhecimento, não recebo da maior parte deles senão ingratidões, irreverências e sacrilégios, tibiezas e desdéns que têm para comigo neste sacramento de amor. E o que me entristece é serem corações a mim consagrados os que assim me tratam.

Jesus pede a Santa Margarida que se estabeleça uma festa particular ao seu Sagrado Coração e lhe promete: "Os que receberem a comunhão, por nove meses consecutivos, na primeira sexta-feira do mês, ao final da vida receberão a graça da penitência final, morrerão recebendo os sacramentos e em estado de graça".

"O amor com amor de paga", diz Vitalina de Assis. Se somos infinitamente amados por Deus, que nos entregou seu Filho para nossa salvação, não nos resta senão corresponder com nosso amor. No amor, Maria abriu as portas para Cristo assumir a humanidade, fazendo-se um dos nossos; em Cristo foram abertas para nós as portas do céu. Afirma São Francisco de Sales: "O monte calvário é o monte dos que amam".

Salmo 103(102)

Bendiga o Senhor a minha alma!
Bendiga o Senhor todo o meu ser!
Bendiga o Senhor a minha alma!
Não esqueça nenhuma de suas bênçãos!
É ele que perdoa todos os seus pecados
e cura todas as suas doenças,
que resgata a sua vida da sepultura
e a coroa de bondade e compaixão,
que enche de bens a sua existência,
de modo que a sua juventude
se renova como a da águia.
O Senhor faz justiça
e defende a causa dos oprimidos.
O Senhor é compassivo e misericordioso,
muito paciente e cheio de amor.

2

Sede de justiça

"**B**em-aventurados os que têm fome e sede de justiça, porque serão saciados" (Mt 5,6). Jesus fala de justiça no Sermão da Montanha, colocando em evidência uma atitude fundamental dos seus discípulos. Se Deus é *o justo* por excelência, e somos chamados a ser como ele, devemos, também nós, buscar a justiça. Afirma Jesus: "Buscai primeiro o Reino de Deus e a sua justiça, e todas essas coisas vos serão acrescentadas" (Mt 6,33).

São Paulo assegura que em Jesus "se revela a justiça de Deus, que vem pela fé e conduz à fé, como está escrito: 'O justo viverá pela fé'" (Rm 1,17). Isso significa que a justiça está em sintonia com a vontade de Deus e na realização autêntica dos atos do ser humano na relação com as pessoas e com toda a natureza. Deus age com justiça e é misericordioso ao perdoar a mulher adúltera (Jo 8,1-11). Ser justo é uma qualidade fundamental da natureza de Deus. A justiça de Deus se manifesta através de Jesus

Cristo. "A tua justiça é uma justiça eterna, e a tua lei é a verdade" (Sl 119[118],142).

A justiça humana é falha, parcial, corrompível e muitas vezes oportunista. A justiça de Deus é leal e infalível. A justiça de Deus caminha de mãos dadas com a sua misericórdia. *Jesus cumpriu toda a justiça.* Ele foi justo e misericordioso em toda a sua vida, sem nunca ter pecado. "Deus fez de Cristo, aquele que nunca pecou, a oferta pelo nosso pecado, para que, por meio dele, fôssemos declarados justos diante de Deus" (2Cor 5,21).

Afirma o profeta Jeremias: "Julgou a causa do aflito e do necessitado e tudo lhe corria bem. 'Porventura, não é isso conhecer-me?' – diz o Senhor. Mas os teus olhos e o teu coração não pensam noutra coisa a não ser no teu lucro, em derramar sangue inocente e praticar a opressão e a violência" (Jr 22,16-17). Jeremias lembra que a justiça não é apenas uma atitude espiritual ou moral, mas, acima de tudo, uma realidade social, uma virtude que se evidencia, de modo particular, no relacionamento com as pessoas.

A Bíblia ensina que Deus é um Deus de justiça. De fato, "Deus é justo e reto" (Dt 32,4). Além disso, a Bíblia sustenta a noção de justiça social, na qual a preocupação e os cuidados são mostrados a favor dos pobres e aflitos (Dt 10,18; 24,17; 27,19). Muitas vezes se refere ao órfão, à viúva e ao estrangeiro, ou seja, a pessoas que não eram capazes de cuidar de si mesmas.

Jesus insistiu para que cuidássemos dos pequeninos (Mt 25,40). São Tiago faz alusão à natureza da "verdadeira religião" (Tg 1,27). A sociedade tem, portanto, a obrigação moral de cuidar dos menos afortunados, viúvas, órfãos, mas o ponto de vista cristão é bem mais abrangente do que a concepção que o mundo tem. A justiça social está relacionada não somente aos direitos humanos, mas também à fraternidade universal em Cristo. Formamos uma família que tem Deus como Pai, somos um Corpo do qual Cristo é a Cabeça. Somos animados pelo mesmo Espírito de Deus. Somos irmãos. A justiça faz necessariamente parte do amor fraterno.

"Os olhos do Senhor, canta o salmista, estão sobre os justos, e os seus ouvidos, atentos ao seu clamor" (Sl 34[33],16). O autor do livro dos Provérbios lembra que "fazer justiça e julgar com retidão é mais agradável ao Senhor do que oferecer-lhe sacrifício" (Pr 21,3). "Entrega o teu caminho ao Senhor; confia nele, e ele tudo fará. Ele fará sobressair como luz a tua justiça e o teu direito como o meio-dia" (Sl 37[36],5-6). "O caminho da paz lhes é desconhecido", afirma o profeta Isaías. "Seguem atalhos tortuosos, e quem por eles passa não conhece a felicidade" (Is 59,8). Cristo é nosso advogado (cf. 1Jo 2,1).

Salmo 11(10)

Senhor, em vós confio! Como dizeis, pois, à minha alma:
"Foge para a montanha como um pássaro?
Porque eis que os ímpios armam o arco,
põem as flechas na corda, para com elas atirarem,
às ocultas, aos retos de coração.
Na verdade, se já os fundamentos são destruídos,
que pode fazer o justo?"
O Senhor está no seu santo templo,
o trono do Senhor está nos céus.
Seus olhos estão atentos,
suas pálpebras interrogam os filhos dos homens.
O Senhor prova o justo, mas ele odeia o ímpio
e o que ama a violência.
Sobre os ímpios fará chover brasa,
fogo e enxofre, e um vento tempestuoso
é a porção do seu copo.
Porque o Senhor é justo e ama a justiça,
os bons contemplarão o seu rosto.

3

Sede de misericórdia

"**B**em-aventurados os misericordiosos, porque alcançarão misericórdia", proclama Jesus no Sermão da Montanha (Mt 5,7).

O Mestre nos convida a sermos como ele: rico em misericórdia! Afirma o Papa João Paulo II: "De tudo isso se deduz que a misericórdia faz parte não somente da noção de Deus, mas caracteriza também a vida de todo o povo de Israel e de cada um dos seus filhos e filhas: é a *essência da intimidade com o seu Senhor*, a essência do seu diálogo com ele" (Carta encíclica *Dives in misericórdia*, 4).

A palavra *misericórdia* em hebraico, *rachamim*, tem o sentido de compaixão e se relaciona com o amor ao próximo. Em latim, *miratio cordis*, coração compadecido. O misericordioso é quem está atento à infelicidade, à dor ou ao mal que o outro padece; é mais do que *sentir pena*. A misericórdia leva a uma atitude concreta de acolhimento do necessitado, em favor da vida, da justiça social. De outra parte, a palavra *compaixão* está também relacionada ao termo hebraico *rachamim*, que significa "ter entranhas", sentir o outro com profundo sentimento. Em latim *cum-passio*, compartilhamento com o sofrimento do outro, sentir seu sofrimento.

São João Paulo II, ao comentar o sentido bíblico da misericórdia, lembra a parábola do filho pródigo e escreve: "A misericórdia apresentada por Cristo na parábola do filho pródigo tem *a característica interior do amor*, que no Novo Testamento é chamado *ágape*. Esse amor é capaz de debruçar-se sobre todos os filhos pródigos, sobre qualquer miséria humana e, especialmente, sobre toda miséria moral, sobre o pecado" (Carta encíclica *Dives in misericordia*, 6).

A compaixão é a marca do ministério de Jesus: "Jesus percorria todas as cidades e aldeias, ensinando nas sinagogas, pregando o Evangelho do Reino e curando todo tipo de doenças e de enfermidades" (Mt 9,35). Somos convidados a ter compaixão pelos males que afetam nosso mundo, suas dores e sofrimentos. Revelando seu amor pela humanidade nas visões de Santa Margarida Maria Alacoque, Jesus diz: "Meu coração está tão apaixonado de amor pelos homens, e por ti em particular, que, não podendo mais conter em si as chamas de sua ardente caridade, é preciso que as espalhes por teu intermédio e nos reveles, para que se enriqueçam com seus preciosos tesouros" (Primeira grande aparição).

O Deus cristão é o Deus da compaixão. Jesus revela esse rosto amoroso, misericordioso e compassivo de Deus. Deus tem coração, tem compaixão, entranhas de misericórdia, amor sem medida. Como não amá-lo? O Cardeal José Tolentino de Mendonça lembra a missão que é reservada à Igreja em nossos dias: "A Igreja do século XXI será certamente mais periférica e desafiar-nos-á a descobrir que as periferias não são um vazio do religioso, mas são novos endereços de Deus" (*O elogio da sede*, São Paulo, Paulinas, 2018, p. 134).

Deus é cheio de compaixão. Ele não se alegra com nosso sofrimento. Deus quer nos salvar e consolar, trazendo libertação do sofrimento. Foi por isso que ele enviou Jesus para perdoar nossos pecados. Quem recebe a compaixão de Deus também deve ter compaixão pelas outras pessoas. Ter compaixão é sentir a dor do próximo. E onde há compaixão, o amor e a ajuda ao próximo se multiplicam. "O Senhor é bom para todos, a sua compaixão alcança todas as suas criaturas" (Sl 145[144],9).

Ensina o Papa São João Paulo II: "Na realização escatológica, a misericórdia revelar-se-á como amor, enquanto no tempo presente, na história humana, que é conjuntamente uma história de pecado e de morte, o amor deve revelar-se sobretudo como misericórdia e ser exercido também como tal" (Carta encíclica *Dives in misericórdia*, 8).

O evangelista Mateus recorda a compaixão de Jesus, quando escreve: "Ao ver as multidões, Jesus encheu-se de compaixão por elas, porque estavam cansadas e abatidas, como ovelhas que não têm pastor" (Mt 9,36).

Salmo 51(50)

R. Misericórdia, ó Senhor, pois pecamos!

Tende piedade, ó meu Deus, misericórdia;
Na imensidão do vosso amor, purificai-me.
Lavai-me todo inteiro do pecado
E apagai completamente a minha culpa. **R.**

Eu reconheço toda a minha iniquidade,
O meu pecado está sempre à minha frente.
Foi contra vós, só contra vós, que eu pequei,
E pratiquei o que é mau aos vossos olhos. **R.**

Criai em mim um coração que seja puro,
Dai-me de novo um espírito decidido.
Ó Senhor, não afasteis de mim a vossa face
nem retireis de mim o vosso santo Espírito. **R.**

Dai-me de novo a alegria de ser salvo
E confirmai-me com espírito generoso.
Abri meus lábios, ó Senhor, para cantar,
E minha boca anunciará vosso louvor. **R.**

4

Sede de esperança

"**N**a esperança somos salvos" (Rm 8,24). Dom Adelar Marfi, bispo de Cruz Alta, Rio Grande do Sul, escreve sobre a esperança cristã, e afirma:

> O seguimento de Jesus Cristo é a construção de uma vida com ele e com a herança nele. É a fé que temos que nos confere a certeza do futuro. "Se já morremos com ele, também com ele viveremos" (2Tm 2,11). O específico da morte cristã é que caminhamos para Deus, que nos aguarda sempre, para estar com ele. A segurança da vida que se torna plena em Deus faz com que relativizemos o tempo presente, sobretudo quando olhamos que cada dia nos prepara para o "grande encontro", para a vida eterna.

Na Escritura do Antigo Testamento, a esperança é um componente fundamental da vida dos justos (Pr 2,17-18). Sem esperança, a vida perde seu significado (Lm 3,18; Jó 7,6), e na morte não há esperança

(Is 38,18; Jó 17,15). Os justos que confiam ou depositam sua esperança em Deus serão ajudados (Sl 28[27],7), e não serão confundidos, envergonhados ou desapontados (Is 49,23). Os justos, os quais têm essa esperança confiante em Deus, têm uma confiança geral na proteção e na ajuda de Deus (Jr 29,11).

No Novo Testamento, a esperança revela a certeza de que, em Cristo, se encontra o cumprimento das promessas do Antigo Testamento (Mt 12,21; 1Pd 1,3). A esperança cristã está enraizada na fé na salvação divina em Cristo (Gl 5,5). A esperança dos cristãos é trazida à existência através da presença do Espírito Santo prometido (Rm 8,24-25). É a esperança na ressurreição dos mortos (At 23,6).

A certeza, na qual se apoia a esperança, é garantida pela habitação do Espírito (Rm 8,23-25), por Cristo em nós (Cl 1,27) e pela ressurreição de Cristo (1Cor 15,4-22). A esperança é produzida pela aceitação do sofrimento (Rm 5,2-5). As promessas confiáveis de Deus nos dão esperança (Hb 6,18-19) e podemos nos orgulhar dessa esperança (Hb 3,6). Por outro lado, aqueles que não depositam sua confiança em Deus são considerados sem esperança (Ef 2,12; 1Ts 4,13).

A esperança cristã é plena confiança no futuro, uma virtude, juntamente com a fé e a caridade. A esperança permanece firme em Deus, mesmo nos momentos difíceis. Ela não está baseada nas intempéries humanas, mas na bondade divina. Tenho esperança não porque a vida depende de mim, mas porque ela está alicerçada em Deus. O Senhor é o fundamento da minha única certeza de salvação.

Por isso, as palavras de Paulo são luz para meu caminho: "Se, portanto, ressuscitastes com Cristo, buscai as coisas do alto, onde Cristo está sentado à direita do Pai. Afeiçoai-vos às coisas lá de cima e não às da terra. Porque estais mortos, e a vossa vida está escondida com Cristo em Deus. Quando Cristo, vossa vida, aparecer, então também vós aparecereis com ele em sua glória" (Cl 3,1-4).

"É na esperança que fomos salvos" (Rm 8,24). Crer em Jesus Cristo implica acreditar na vida plena que ele nos prometeu: "Esta é a vontade de meu Pai: que todo aquele que vê o Filho e nele crê tenha a vida eterna" (Jo 6,40). A salvação não é uma conquista humana, algo que merecemos por nossas boas obras; é graça, é dom que nos foi concedido gratuitamente por Cristo pela sua morte e ressurreição. Somos salvos por Cristo, em Cristo e por Cristo. Clamamos com o salmista: "Em ti, Senhor, me refúgio; nunca permitas que eu seja humilhado; livra-me pela tua justiça. Inclina os teus ouvidos para mim, vem livrar-me depressa! Sê minha rocha de refúgio, uma fortaleza poderosa para me salvar" (Sl 31[30],1-2).

Escreve Santo Ambrósio:

> Onde está o coração do homem está também o seu tesouro; pois Deus não costuma negar o bem aos que lhe pedem. Porque o Senhor é bom, e é bom sobretudo para os que nele esperam, unamo-nos a ele, permaneçamos com ele de toda a nossa alma, de todo o coração e de todas as forças, para vivermos na sua luz, vermos a sua glória e gozarmos da graça da felicidade eterna. Elevemos nossos corações para esse bem, permaneçamos e vivamos unidos a ele, que está acima de tudo quanto possamos pensar ou imaginar; e concede a paz e a tranquilidade perpétuas, uma paz que ultrapassa toda a nossa compreensão e sentimento (*Tratado sobre a fuga do mundo*, Cap. 6,36; 7,44: 8,45; 9,52: CSEL 32,192.198-199.204).

Convoca-nos o Papa Francisco:

> Convido à esperança que nos fala de uma realidade que está enraizada no mais fundo do ser humano, independentemente das circunstâncias concretas e dos condicionamentos históricos em que vive. Fala-nos de uma sede, de uma aspiração, de um anseio de plenitude, de vida bem-sucedida, de querer agarrar o que é grande, o que enche o coração e eleva o espírito para coisas grandes, como a verdade, a bondade e a beleza, a justiça e o amor. [...] A esperança é ousada, sabe olhar para além das comodidades pessoais, das pequenas seguranças e compensações que reduzem o horizonte, para se abrir aos grandes ideais que

tornam a vida mais bela e digna. Caminhemos na esperança! (Carta encíclica *Fratelli Tutti*, 55).

Os santos falam de esperança. Santo Afonso Maria de Ligório afirma: "A esperança faz crescer a caridade, e a caridade faz crescer a esperança". São Francisco de Assis confessa: "É tão grande o bem que espero que todo o sofrimento me é um prazer". O doutor da graça, Santo Agostinho, assegura: "Esperar significa crer na aventura do amor, ter confiança nas pessoas, dar o salto no incerto e abandonar-se a Deus totalmente". São Pedro Canísio, sacerdote jesuíta do século XVI, aconselha: "Persevera diante de qualquer situação, por mais difícil que seja, persevera na confiança e na fé em Deus". O Papa São João Paulo II exorta "a todos a não perderem a esperança, fundamentada em Nosso Senhor, que nunca nos esquece". A santa da infância espiritual, Santa Teresinha do Menino Jesus, assim se exprime: "Espero tudo do Bom Deus, como uma criancinha espera tudo de seu pai". Santa Teresa de Calcutá diz: "A confiança na Providência Divina é a fé firme e viva de que Deus nos pode ajudar e nos ajudará. Que ele nos pode ajudar é evidente, pois ele é onipotente. Que ele nos ajudará é seguro, porque ele, em muitas passagens da Sagrada Escritura, prometeu e foi fiel a todas as suas promessas".

Ainda Santo Agostinho: "A esperança tem duas filhas lindas, a indignação e a coragem; a indignação nos ensina a não aceitar as coisas como estão; a coragem, a mudá-las". E Santa Faustina Kowalska: "Nos mais pesados tormentos, fixo o olhar da minha alma em Jesus crucificado; não espero ajuda dos homens, mas deposito minha confiança em Deus; na sua insondável misericórdia está toda a minha esperança".

Na encíclica *Fratelli Tutti*, o Papa Francisco exorta:

> Apesar dessas sombras densas que não se devem ignorar, [...] desejo dar voz a tantos percursos de esperança. Com efeito, Deus continua a espalhar sementes de bem na humanidade. A recente pandemia permitiu-nos recuperar e valorizar tantos companheiros e companheiras de viagem que, no medo, reagiram dando a própria vida. Fomos capazes de reconhecer como as nossas vidas são tecidas e sustentadas por pessoas comuns que, sem dúvida, escreveram os acontecimentos decisivos da nossa história compartilhada: médicos, enfermeiros e enfermeiras, farmacêuticos, empregados dos supermercados, pessoal de limpeza, cuidadores, transportadores, homens e mulheres que trabalham para fornecer serviços essenciais e de segurança, voluntários, sacerdotes, religiosas... compreenderam que ninguém se salva sozinho (n. 54).

Salmo 23(22)

O Senhor é o meu pastor, nada me falta.
Ele me faz descansar em verdes prados,
a águas tranquilas me conduz.
Restaura minhas forças, guia-me pelo caminho certo,
por amor do seu nome.
Se eu tiver de andar por vale escuro,
não temerei mal nenhum, pois estás comigo.
O teu bastão e teu cajado me dão segurança.
Diante de mim preparas uma mesa
aos olhos de meus inimigos;
unges com óleo minha cabeça,
meu cálice transborda.
Felicidade e graça vão me acompanhar
todos os dias da minha vida e vou morar
na casa do Senhor por muitíssimos anos.

5

Sede de perdão

"Quando estiveres levando tua oferta para o altar e ali te lembrares que teu irmão tem alguma coisa contra ti, deixa a tua oferta ali diante do altar e vai primeiro reconciliar-te com teu irmão. Só então vai apresentar a tua oferta" (Mt 5,23-24).

O bem-aventurado Elredo, monge cistercienses inglês (Lib. 3,5: PL 195, 582), escreve:

> Jesus não se contentou em pedir; quis ainda desculpar, e acrescentou: "Pai, perdoa-lhes! Eles não sabem o que fazem!" (Lc 23,34). São, na verdade, grandes pecadores, mas não sabem avaliar a gravidade de seu pecado. Por isso, Pai, perdoa-lhes! Crucificaram-me, mas não sabem a quem crucificaram, porque, *se soubessem, não teriam crucificado o Senhor da glória* (1Cor 2,8).

O perdão é uma virtude que brota inteiramente do amor. Quem ama, perdoa. Temos dificuldades em perdoar, porque sempre partimos do princípio de que o outro nos ofendeu e, portanto, compete a ele pedir perdão. Jesus não pergunta quem nos ofendeu, mas ensina que devemos oferecer o perdão até aos inimigos: "Amai os vossos inimigos, fazei o bem aos que vos aborrecem. Bendizei os que vos maldizem e orai pelos que vos caluniam. Ao que te ferir numa face, oferece-lhe também a outra; e, ao que te houver tirado a capa, não impeças de levar também a túnica" (Lc 6,27-29).

Dom Helder Câmara costumava dizer: "As pessoas são pesadas demais para carregá-las nos ombros, por isso, levo-as no coração". Os relacionamentos tornam-se pesados quando não sabemos perdoar. O perdão não é atitude espontânea: é virtude. Precisamos pedi-la como Jesus mesmo nos ensina: "Perdoai as nossas ofensas, assim como nós perdoamos a quem nos tem ofendido. E não nos deixeis cair em tentação, mas livrai-nos do mal" (Mt 6,12-13). Faz bem ao nosso coração quando olhamos as pessoas pelo que elas têm de bom, e não pelos seus defeitos. O perdão nos aproxima de Deus, nos torna parecidos com ele, pois fomos criados à sua imagem e semelhança. "O amor é o perfume das almas", lembra Dom Helder.

Foi em suas aparições a Santa Faustina Kowalska que Jesus apresentou ao mundo a devoção da Divina Misericórdia:

Como desejo a salvação das almas! Minha caríssima secretária, escreve que desejo derramar a minha vida divina nas almas dos homens e santificá-los, desde que queiram aceitar a minha graça. Os maiores pecadores atingiriam uma grande santidade, desde que tivessem confiança na minha misericórdia. As minhas entranhas estão repletas de misericórdia, que está derramada sobre tudo o que criei. O meu prazer é agir na alma humana, enchê-la da minha misericórdia e justificá-la. O meu Reino está sobre a terra, a minha vida, na alma humana (*Diário*, 1784).

Perdoar de todo o coração, perdoar com verdadeiro amor, como Deus nos perdoa, é a atitude que mais agrada a Deus. Santo Afonso Maria de Ligório lembra: "Fazer a vontade de Deus é fazer o que Deus quer e querer o que Deus faz. Na cruz Jesus ensinou o quanto é imenso o seu amor por nós: 'Pai, perdoa-lhes! Eles não sabem o que fazem' (Lc 23,34). O amor de Deus se faz perdão".

Sempre será difícil perdoar. Parece-nos uma humilhação. Não podemos nos esquecer de que existe a minha razão, a razão do outro e a razão verdadeira; esta, provavelmente, uma síntese das duas primeiras. O perdão é um caminho a ser percorrido durante nossa vida. Dom Helder lembra: "É graça divina começar bem; graça maior é persistir na caminhada certa. Mas a graça das graças é não desistir nunca".

Oração de perdão

Deus, Pai de amor e bondade, que em vossa infinita misericórdia acolheis todos os que se aproximam de vós com o coração arrependido, acolhei meu pedido de perdão por tantas faltas cometidas contra vós e meus irmãos.

Senhor Jesus Cristo, Mestre da ternura e do amor, que devolvestes a vida em plenitude a tantos homens e mulheres imersos no pecado e caminhantes das trevas, conduzi-me nos caminhos do perdão e fortalecei minha alma para que eu tenha a humildade de pedir perdão e a misericórdia de saber perdoar.

Espírito Santo, Consolador da alma, Advogado dos justos e Paráclito do amor, inspirai em meu coração gestos de bondade e ternura, que devolvam aos corações angustiados a beleza do perdão e as graças da reconciliação. Amém.

6

Sede de paz

*S*halom é uma palavra de origem hebraica e significa literalmente "paz". A palavra *shalom* representa um desejo de saúde, harmonia e paz para aquele ou aqueles a quem é dirigido o cumprimento. Em diversas passagens bíblicas é encontrada a palavra *shalom* com o significado de paz e desejo de bem-estar entre as pessoas ou nações. *Shalom aleichem* é uma saudação frequentemente utilizada por Jesus, que significa "a paz esteja convosco".

> No contexto grego, a palavra para paz é ειρήνη (pronunciada como "eiríni"). No idioma grego, ειρήνη representa harmonia, tranquilidade e ausência de conflito. É um estado de equilíbrio e serenidade interior.
>
> A *paz* (do latim: *pax)* é geralmente definida como um estado de calma ou tranquilidade, uma ausência de perturbações e agitação. Paz também é um estado de espírito, em que o ser se encontra equilibrado e

sereno, com isso encontrando a total paz interior. No plano pessoal, *paz* designa um estado de espírito isento de ira, de desconfiança e de todos os sentimentos negativos. A paz é mundialmente representada por uma pomba branca ou por uma bandeira branca.

Na encíclica *Pacem in terris*, o Papa São João XXIII lembra: "A paz na terra, anseio profundo de todos os homens de todos os tempos, não se pode estabelecer nem consolidar senão no pleno respeito da ordem instituída por Deus" (n. 1). Comentando a ordem do Universo, afirma:

> Sendo os homens sociais por natureza, é mister convivam uns com os outros e promovam o bem mútuo. Por essa razão, é exigência de uma sociedade humana bem constituída que mutuamente sejam reconhecidos e cumpridos os respectivos direitos e deveres. Segue-se, igualmente, que todos devem trazer a própria contribuição generosa à construção de uma sociedade na qual direitos e deveres se exerçam com solércia e eficiência cada vez maiores (n. 31).

A paz é, em primeiro lugar, um dom divino, diferente daquilo que consideramos paz. "Deixo-vos a paz, dou-vos a minha paz. Não a dou como o mundo a dá" (Jo 14,27). Quando Jesus saúda seus discípulos na manhã da ressurreição, dizendo "a paz esteja convosco" (Jo 20,21), trata-se de uma paz diferente, que brota da sua ressurreição, do perdão dos pecados, da morte redentora, da vida nova. Sem Cristo ressuscitado, não existe verdadeira paz. A paz é fruto da salvação divina, da reconciliação do mundo com Deus.

Na Celebração Eucarística, após o Pai-Nosso, a Igreja reza: "Senhor Jesus Cristo, dissestes aos vossos Apóstolos: Eu vos deixo a paz, eu vos dou a minha paz. Não olheis os nossos pecados, mas a fé que anima vossa Igreja; dai-lhe, segundo o vosso desejo, a paz e a unidade". Jesus nos comunica a sua paz, não a paz do mundo. Um célebre provérbio do Império Romano afirmava: *"Si vis pacem, para bellum"* [Se queres a paz, prepara-te para a guerra]. A paz era resultado do poder bélico. A paz de Cristo não nasce do poder nem do dinheiro, mas da graça de Deus, do seu amor.

Escreve Santo Ambrósio, bispo de Milão:

> Já que Deus é o nosso refúgio, e Deus está nos céus e no mais alto dos céus, é preciso fugir daqui para as alturas onde reina a paz, onde repousaremos de nossas fadigas, onde celebraremos o banquete do grande sábado, como disse Moisés: "O repouso sabático da terra será para vós ocasião de festim" (Lv 25,6). Descansar em Deus e contemplar as suas delícias é, na verdade, um banquete, cheio de alegria e felicidade (*Tratado sobre a fuga do mundo*, Cap. 6,36; 7,44: 8,45;9,52: CSEL 32,192.198-199.204).

O *Catecismo da Igreja Católica* (CIgC 2305) ensina:

> A paz terrestre é imagem e fruto da *paz de Cristo*, o "Príncipe da paz" messiânica (Is 9,5). Pelo sangue de sua Cruz ele "matou a inimizade na própria carne" (Ef 2,16), reconciliou os homens com Deus e fez de sua Igreja o sacramento da unidade do gênero humano e de sua união com Deus. "Ele é a nossa paz" (Ef 2,14). Declara "bem-aventurados os que promovem a paz" (Mt 5,9).

Após a Última Ceia, na mensagem de despedida, Jesus adverte: "Não se perturbe nem se intimide o vosso coração" (Jo 14,27). A confiança nele deve ser maior que qualquer temor. Ele é o Senhor, o caminho, a verdade e a vida (Jo 14,6). Ele estará conosco até o final dos tempos (Mt 28,20). Isso, porém, não significa *ausência de tribulações*; todos somos chamados a fortalecer a nossa fé.

> Simples exortações à paz são certamente insuficientes numa época insegura como a nossa. Faz falta uma forte e viva fé em Cristo, o servo de Deus pronto para o sofrimento, e uma decisão radical de segui-lo pelos caminhos da paz, como ele a anunciou e a testemunhou com sua vida, morte e ressurreição (Bernhard Häring, *Minhas esperanças para a Igreja*, São Paulo, Paulus, 1999, p. 77).

Pseudo-Crisóstomo afirma:

> Chamam-se de pacíficos a outros, não só àqueles que se reconciliam com os inimigos por meio da paz, mas também àqueles que, esquecendo as injúrias, amam a paz. Aquela paz é bem-aventurada, a que subsiste no coração e não somente nas palavras (Santo Tomás de Aquino, *Catena Aurea*, Cedet, *Ecclesiae*, 2018, p. 176).

Oração de São Francisco

Senhor,
fazei de mim um instrumento de vossa paz.
Onde houver ódio, que eu leve o amor,
onde houver ofensa, que eu leve o perdão,
onde houver discórdia, que eu leve a união.
Onde houver dúvida, que eu leve a fé,
onde houver erro, que eu leve a verdade,
onde houver desespero, que eu leve a esperança,
onde houver tristeza, que eu leve a alegria,
onde houver trevas, que eu leve a luz!
Ó Mestre,
fazei que eu procure mais:
consolar, que ser consolado;
compreender, que ser compreendido;
amar, que ser amado.

Pois é dando que se recebe,
perdoando, que se é perdoado,
e é morrendo que se vive para a vida eterna.
Amém.

7

Sede de reparação

O Ato de Reparação ao Sagrado Coração de Jesus está presente na Igreja, particularmente a partir da Idade Média. Em 1928, o Papa Pio XI (encíclica *Miserentissimus Redemptor*) entregou uma oração urgente a toda a Igreja: *o Ato de Reparação ao Sagrado Coração de Jesus e ao Imaculado Coração de Maria*. A importância da espiritualidade da reparação é vivenciada pelos fiéis não somente do Apostolado da Oração, mas por toda a comunidade cristã.

O Catecismo da Igreja Católica ensina que "toda a vida de Cristo é mistério de Redenção. Esta nos vem, antes de tudo, pelo sacrifício de Cristo na cruz, mas esse mistério está em ação em toda a vida de Jesus. Por isso, sua submissão a José e Maria, no tempo de sua vida oculta, serve de reparação para nossa insubmissão" (CIgC, 517). Afirma São Paulo: "Como, pela desobediência de um só homem, todos se tornaram pecadores, assim também, pela obediência de um só, todos se tornarão justos" (Rm 5,19). Essa reparação pelos nossos pecados, realizada por Jesus Cristo no seu sacrifício na cruz, está presente nos sacramentos e se atualiza, de modo particular, na celebração da Santa Missa. Por isso, quando dela participamos, nos tornamos participantes da obra reparadora de Jesus Cristo. Na celebração da Eucaristia, dá-se a reparação pelos nossos pecados e pelos pecados do mundo. Também o sacramento da Penitência constitui reparação pelos pecados cometidos.

A espiritualidade da reparação se faz presente de modo especial na devoção ao Sacratíssimo Coração de Jesus. Muitos santos propagaram essa devoção. O ato de reparação faz parte da piedade cristã. O Magistério da Igreja dedica vários documentos incentivando sua prática. A encíclica *Haurietis aquas*, do Papa Pio XII, em 1956, sobre o *culto ao Sagrado Coração de Jesus*, dedica preciosas reflexões sobre o tema. Cito algumas:

> No último dia da festa, que é o mais solene, Jesus pôs-se em pé, e em voz alta disse: "Se alguém tem sede, venha a mim, e beba quem crê em mim" – conforme diz a Escritura: "Do seu interior correrão rios de água viva". Ele disse isso falando do Espírito que haviam de receber os que acreditassem nele (Jo 7,37-39).

> Com efeito, o mistério da divina redenção é, antes de tudo e pela própria natureza, um mistério de amor, isto é, um mistério de amor justo da parte de Cristo

para com seu Pai celeste, a quem o sacrifício da cruz, oferecido com coração amante e obediente, apresenta uma satisfação superabundante e infinita pelos pecados do gênero humano (n. 20).

O adorável Coração de Jesus Cristo pulsa de amor ao mesmo tempo humano e divino, desde que a Virgem Maria pronunciou aquela palavra magnânima: *Fiat* (n. 30).

Com razão, pois, pode-se afirmar que a divina Eucaristia, como sacramento que ele dá aos homens e como sacrifício que ele mesmo continuamente imola "do nascer ao pôr do sol" (Ml 1,11), e também o sacerdócio, são, sem dúvida, dons do Sagrado Coração de Jesus (n. 36).

A fim de que a devoção ao Coração augustíssimo de Jesus produza frutos mais copiosos na família cristã e mesmo em toda a humanidade, procurem os féis unir a ela estreitamente a devoção ao Coração Imaculado da Mãe de Deus (n. 74).

Coleta da solenidade
do Sagrado Coração de Jesus

Ó Deus, no Sagrado Coração do vosso Filho, ferido por nossos pecados, vos dignastes conceder, em vossa misericórdia, infinitos tesouros de amor. Concedei, nós vos pedimos, que, apresentando-lhe nossa fervorosa homenagem de piedade, cumpramos também o dever de uma digna reparação. Por nosso Senhor Jesus Cristo, vosso Filho, que é Deus, e convosco vive e reina, na unidade do Espírito Santo, por todos os séculos dos séculos. Amém.

8

Sede de unidade

"Para que todos sejam um, assim como tu, Pai, estás em mim e eu em ti, que também eles estejam em nós e o mundo creia que tu me enviaste. Dei-lhes a glória que me deste, para que sejam um, como nós somos um: eu neles e tu em mim, para que sejam perfeitos na unidade e o mundo reconheça que me enviaste e os amaste, como amaste a mim" (Jo 17,21-23).

A unidade entre nós fundamenta-se na unidade da Santíssima Trindade. Afirma São Paulo: "Porquanto, assim como o corpo é uma só unidade e possui muitos membros, e todos os membros do corpo, ainda que muitos, constituem um só organismo, assim também ocorre em relação a Cristo" (1Cor 12,12). Fomos todos criados à imagem e semelhança de Deus; embora muitos, somos uma só humanidade em Deus. A unidade não é apenas um requisito para vivermos bem aqui na terra; há uma raiz divina que nos mantém unidos.

Cristo expressa na oração sacerdotal o seu desejo de que todos sejam um: "Não rogo apenas por eles, mas também por todos aqueles que, por meio de sua palavra, vão crer em mim. Que todos sejam um, assim como tu, Pai, estás em mim e eu em ti. Que eles sejam um, como nós somos um" (Jo 17,20-22).

O ecumenismo é mais que uma convivência social; faz parte dos fundamentos que constituem a única e verdadeira Igreja de Cristo. A superação das diferenças exige a graça e a cooperação de todos. A Palavra de Deus pede que demos esse passo. Somos chamados para essa perfeita unidade que existe entre o Pai e o Filho e o Espírito Santo. "Eu neles, e tu em mim, para que eles sejam perfeitos em unidade" (Jo 17,23). É preciso fazer sempre a vontade do Pai como Jesus fez.

Toda a vida cristã é marcada pelo mistério de um Deus que é comunidade. O Papa Francisco afirma que: "Deus é uma 'família' de três Pessoas que se amam tanto a ponto de formar uma só. Essa 'família divina' não está fechada em si mesma, comunica-se na criação e na história e entrou no mundo dos homens para chamar todos a fazer parte desta família divina" (cf. *Angelus*, 22 de maio de 2016).

Escreve São Paulo aos Romanos: "O Deus que concede perseverança e ânimo dê a vocês um espírito de unidade, segundo Cristo Jesus, para que com um só coração e uma só voz vocês glorifiquem o Deus e Pai de nosso Senhor Jesus Cristo" (Rm 15,5-6).

Aos Coríntios, São Paulo exorta: "Assim como o corpo é uma unidade, embora tenha muitos membros, e todos os membros, mesmo sendo muitos, formam um só corpo, assim também com respeito a Cristo. Pois em um só corpo todos fomos batizados em um único Espírito: quer judeus, quer gregos, quer escravos, quer livres. E a todos nós foi dado beber de um único Espírito" (1Cor 12,12-13).

Santo Agostinho: "Nas coisas essenciais, a unidade; nas coisas não essenciais, a liberdade; em todas as coisas, a caridade". Muitas vezes nos perdemos em detalhes sem maior importância. Os encontros ecumênicos devem ser iluminados pelo Espírito Santo, e não só pelos argumentos teológicos. "O Espírito da Verdade nos conduzirá à verdade completa" (Jo 16,13-15).

São Paulo lembra o fundamento da unidade cristã: "Há um só corpo e um só Espírito, assim como a esperança para a qual vocês foram chamados é uma só. Há um só Senhor, uma só fé, um só batismo, um só Deus e Pai de todos, que é sobre todos, no meio de todos e em todos" (Ef 4,4-6). E na carta aos Filipenses: "Se por estarmos em Cristo nós temos alguma motivação, alguma exortação de amor, alguma comunhão no Espírito, alguma profunda afeição e compaixão, completem a minha alegria, tendo o mesmo modo de pensar, o mesmo amor, um só espírito e uma só atitude" (Fl 2,1-2). "É necessário fazer todo esforço para conservar a unidade do Espírito pelo vínculo da paz" (Ef 4,3).

O Salmo 133(132) canta a beleza da unidade: "Como é bom e agradável quando os irmãos convivem em união! É como óleo precioso derramado sobre a cabeça, que desce pela barba, a barba de Aarão, até a gola das suas vestes. É como o orvalho do Hermon quando desce sobre os montes de Sião. Ali o Senhor concede a bênção da vida para sempre" (Sl 133[132],1-3).

O apóstolo São João confirma o fundamento da unidade cristã:

> Todo ramo que, estando em mim, não der fruto, ele o corta; e todo aquele que dá fruto, ele o limpa, para que produza mais fruto ainda. Vós já estais limpos pela palavra que vos tenho falado; permanecei em mim, e eu permanecerei em vós. Como não pode o ramo produzir fruto de si mesmo, se não permanecer na videira, assim nem vós o podeis dar, se não permanecerdes em mim. Eu sou a videira, vós, os ramos. Quem permanece em mim, e eu nele, esse dá muito fruto; porque sem mim nada podeis fazer (Jo 15,2-5).

Oração pela unidade

Vem, Espírito Criador! Vinde, Espírito Criador, a nossa alma visitai e enchei os corações com vossos dons celestiais. Vós sois chamado o Intercessor de Deus, excelso dom sem par, a fonte viva, o fogo, o amor, a unção divina e salutar. Sois o doador dos sete dons e sois poder na mão do Pai, por ele prometido a nós, por nós seus feitos proclamai. A nossa mente iluminai, os corações enchei de amor, nossa fraqueza encorajai, qual força eterna e protetor. Nosso inimigo repeli, e concedei-nos a vossa paz; se pela graça nos guiais, o mal deixamos para trás. Ao Pai e ao Filho Salvador, por vós possamos conhecer, que procedeis do seu amor, fazei-nos sempre firmes crer. Amém.

9

Sede de honestidade

Honestidade é falar a verdade, vivendo de maneira íntegra. Deus se agrada da honestidade porque ele é o Deus da verdade e odeia a mentira. *Deus abençoa quem é honesto.* "Feliz é o homem que empresta com generosidade e que, com honestidade, conduz seus negócios" (Sl 112[111],5). Alguns *sinônimos de honestidade* são: honradez, decoro, probidade, compostura, decência, pudor e dignidade.

A corrupção é a maior parceira da desonestidade, uma vez que leva as pessoas a lesarem permanentemente o bem alheio. A sociedade corrupta desrespeita o princípio da moralidade e da ética. A desonestidade corrói por dentro o tecido social e o bem-estar do gênero humano.

A Sagrada Escritura lembra com frequência o valor da honestidade: "Senhor, quem habitará no teu santuário? Quem poderá morar no teu monte santo? Aquele que é íntegro em sua conduta e pratica o que é justo;

que de coração fala a verdade e não usa a língua para difamar; que nenhum mal faz ao seu semelhante e não lança calúnia contra o seu próximo" (Sl 15[14],1-3). "O rei se agrada dos lábios honestos e dá valor ao homem que fala a verdade" (Pr 16,13). "O amor não se alegra com a injustiça, mas se alegra com a verdade" (1Cor 13,6). "Pois estamos tendo o cuidado de fazer o que é correto, não apenas aos olhos do Senhor, mas também aos olhos dos homens" (2Cor 8,21). "Orem por nós. Estamos certos de que temos consciência limpa e desejamos viver de maneira honrosa em tudo" (Hb 13,18).

Conta-se que um ladrão roubou um sino. Ao fugir do local do roubo, percebeu que não conseguia fazer o sino parar de bater. Em meio ao pânico e com medo de ser descoberto, ele encontrou um modo de sentir-se seguro: resolveu tapar os ouvidos para não ouvir o sino! Há pessoas que, há muito tempo, não ouvem mais a voz da própria consciência. Acostumadas à prática do mal, já não percebem mais o limite entre a moralidade e a imoralidade. A honestidade exige de nós uma escolha radical pela verdade, por amor a Deus, que é verdadeiro, e por amor às pessoas que confiam em nós.

O indivíduo honesto repudia a esperteza e o desejo de querer levar vantagem em tudo e sobre todos. O autor do livro dos Provérbios comenta: "Parece gostoso ao homem o pão ganho por fraude, mas depois a sua boca se encherá de pedrinhas de areia" (Pr 20,17). A riqueza injusta não compra a felicidade. Engana-se aquele que deseja construir a vida buscando nas fraudes o prazer e o bem-estar. "Pesos fraudulentos são abomináveis ao Senhor, e balanças enganosas não são boas a seus olhos" (Pr 20,23).

O Papa Francisco chama a atenção para a situação do mundo atual: "Persistem hoje, no mundo, inúmeras formas de injustiça, alimentadas por visões antropológicas redutivas e por um modelo econômico fundado no lucro, que não hesita em explorar, descartar e até matar o homem" (*Fratelli Tutti*, 22). A riqueza das diferentes culturas, que poderiam transformar-se em ocasião de construção de uma nova humanidade, atualiza, infelizmente, a experiência de Babel, tornando-se fonte de inimizades e de guerras.

Salmo 46(45)

Deus é nosso refúgio e nossa força;
mostrou-se nosso amparo nas tribulações.
Por isso, a terra pode tremer, nada tememos:
as próprias montanhas podem se afundar nos mares.
Ainda que as águas tumultuem
e com sua fúria venham abalar os montes,
está conosco o Senhor dos exércitos,
nosso protetor é o Deus de Jacó.
Os braços de um rio alegram a cidade de Deus,

o santuário do Altíssimo.
Deus está no seu centro, ela é inabalável;
desde o amanhecer, já Deus lhe vem em socorro.
Agitaram-se as nações, vacilaram os reinos;
apenas ressoou sua voz, tremeu a terra.
Está conosco o Senhor dos exércitos,
nosso protetor é o Deus de Jacó.

10

Sede de fraternidade

A fraternidade universal é um desejo de Deus que somos convidados a realizar: "Vós sois todos irmãos e irmãs" (Mt 23,8). Lamentavelmente, não passa de um sonho a ser realizado. Toda a Sagrada Escritura está repleta de alusões à fraternidade universal. O desejo divino não é apenas uma sugestão, mas um mandamento. Caim foi o primeiro fratricida. "O Senhor lhe perguntou: 'Onde está teu irmão Abel?' Ele respondeu: 'Não sei. Acaso sou o guarda do meu irmão?'" (Gn 4,9). Sim, somos todos guardas dos nossos irmãos.

A Sagrada Escritura lembra, com frequência, a importância da fraternidade: "Não te vingarás, nem guardarás ira contra os filhos do teu povo; mas amarás o teu próximo como a ti mesmo. Eu sou o Senhor" (Lv 19,18). O evangelista João recorda as palavras de Jesus: "Já não vos chamo servos. Eu vos chamo amigos" (Jo 15,15). O salmista canta: "Quão bom e quão suave é que os irmãos vivam em união" (Sl 133[132],1). Mateus lembra o ensinamento do Senhor: "Se alguém te obrigar a caminhar uma milha, vai com ele duas. Dá a quem te pedir, e não te desvies daquele que quiser que lhe emprestes" (Mt 5,41-42). No Evangelho de Lucas, Jesus insiste: "Como vós quereis que os homens vos façam, da mesma maneira lhes fazei vós também. Se amardes somente aos que vos amam, que recompensa tereis? Também os pecadores amam aos que os amam. E se fizerdes bem aos que vos fazem bem, que recompensa tereis? Também os pecadores fazem o mesmo" (Lc 6,31-34).

Outras passagens da Escritura lembram a necessidade da vivência fraterna: "Aquele que diz que está na luz, e aborrece a seu irmão, até agora está em trevas. Aquele que ama a seu irmão está na luz e nele não há escândalo. Mas aquele que aborrece a seu irmão está em trevas, e anda em trevas, e não sabe para onde deva ir, porque as trevas lhe cegaram os olhos" (1Jo 2,9-11). Na carta aos Romanos, Paulo ensina: "O amor seja sincero. Aborrecei o mal e apegai-vos ao bem. Amai-vos cordialmente uns aos outros com amor fraternal, com terna afeição, preferindo-vos em honra uns aos outros" (Rm 12,9-10). "Com toda a humildade e mansidão, e com paciência, suportai-vos uns aos outros no amor" (Ef 4,2).

O autor da carta aos Hebreus assegura: "Permaneça a caridade fraternal. Não vos esqueçais da hospitalidade, porque por ela alguns, não o sabendo, hospedaram anjos. Lembrai-vos dos presos, como se estivésseis presos com eles, e dos maltratados, como o sendo vós mesmos também no corpo" (Hb 13,1-3). Finalmente, São Paulo é incisivo quando escreve aos Colossenses: "Revesti-vos, pois, como eleitos de Deus, santos, e amados, de entranhas de misericórdia, de benignidade, humildade, mansidão, paciência; suportai-vos uns aos outros, e perdoando-vos uns aos outros, se algum tiver queixa contra outro. Assim como Cristo vos perdoou, assim fazei vós também. E, sobretudo isto, revesti-vos de caridade, que é o vínculo da perfeição" (Cl 3,12-14).

O Papa Francisco, em sua carta encíclica *Fratelli Tutti*, lembra o valor e o sentido da fraternidade universal. Cito dois textos:

> Desejo ardentemente que, neste tempo que nos cabe viver, reconhecendo a dignidade de cada pessoa humana, possamos fazer renascer, entre todos, um anseio mundial de fraternidade. [...] Ninguém pode enfrentar a vida isoladamente; precisamos de uma comunidade que nos apoie, que nos auxilie e dentro da qual nos ajudemos mutuamente a olhar em frente (n. 8).

> Encontramo-nos mais sozinhos do que nunca neste mundo massificado, que privilegia os interesses individuais e debilita a dimensão comunitária da existência (n. 12).

Na verdade, não vivemos sozinhos, isolados; formamos uma única e grande comunidade, vivendo em uma *casa comum*. Somos todos responsáveis por um mundo onde os direitos de cada pessoa sejam respeitados e defendidos. Deus nos criou como família à sua imagem e semelhança. Essa solidariedade, lamentavelmente, com frequência não é vivenciada. "As dificuldades que parecem enormes são a oportunidade para crescer, e não a desculpa para a tristeza inerte que favorece a sujeição. Mas não o façamos sozinhos, individualmente" (n. 78).

Não são suficientes ações isoladas, já que isso constitui uma tarefa comum. "O amor coloca-nos em tensão para a comunhão universal. Ninguém amadurece nem alcança a plenitude isolando-se" (n. 95). "A fraternidade não é resultado apenas de situações onde se respeitam as liberdades individuais, nem mesmo da prática de uma certa equidade. Embora sejam condições que a tornam possível, não bastam para que surja, como resultado necessário, a fraternidade" (n. 103).

Oração cristã ecumênica (*Fratelli Tutti*, n. 287)

Deus nosso, Trindade de amor, a partir da poderosa comunhão da vossa intimidade divina, infundi no meio de nós o rio do amor fraterno. Dai-nos o amor que transparecia nos gestos de Jesus, na sua família de

Nazaré e na primeira comunidade cristã. Concedei-nos, a nós cristãos, que vivamos o Evangelho e reconheçamos Cristo em cada ser humano, para o vermos crucificado nas angústias dos abandonados e dos esquecidos deste mundo, e ressuscitado em cada irmão que se levanta. Vinde, Espírito Santo! Mostrai-nos a vossa beleza refletida em todos os povos da terra, para descobrirmos que todos são importantes, que todos são necessários, que são rostos diferentes da mesma humanidade amada por Deus. Amém.

11

Sede de verdade

A palavra "verdade" vem do latim *veritas* e tem sentido de *real* e *verdadeiro*. Em grego, "verdade" é *alétheia*, que significa "o que não se esconde", "aquilo que não passa". A busca da verdade constitui um dos maiores anseios do ser humano, mesmo vivendo em um mundo onde as mentiras se difundem com tanta facilidade e enganam tantas pessoas. As *notícias falsas* ocupam espaços cada vez maiores na comunicação social, provocando sérios problemas para nossa sociedade.

A Sagrada Escritura lembra os males da mentira e a necessidade de "viver na verdade": "Senhor, quem pode habitar na tua tenda? E morar no teu santo monte? Aquele que anda em sinceridade, e pratica a justiça, e fala a verdade no seu coração; aquele que não difama com a sua língua nem faz mal ao próximo, nem lança nenhuma afronta contra o seu próximo" (Sl 15[14],1-3).

"Jesus dizia, pois, aos judeus que criam nele: 'Se vós permanecerdes na minha palavra, sereis verdadeiramente meus discípulos, e conhecereis a verdade, e a verdade vos libertará'" (Jo 8,31-32). Paulo adverte a comunidade de Filipos: "Quanto ao mais, irmãos, tudo o que é verdadeiro, tudo o que é honesto, tudo o que é justo, tudo o que é puro, tudo o que é amável, tudo o que é de boa fama, tudo o que é virtuoso e louvável, nisso pensai" (Fl 4,8).

O salmista, por sua vez, suplica: "Guia-me na tua verdade e ensina-me, pois tu és o Deus da minha salvação; por ti estou esperando todo o dia" (Sl 25[24],5). "Escolhi o caminho da verdade, propus-me seguir os teus juízos" (Sl 119[118],30). São Tiago, em sua carta, adverte: "Sobretudo, meus irmãos, não jureis, nem pelo céu nem pela terra, nem façais qualquer outro juramento. O vosso sim seja sim, e o vosso não, não, para que não caiais em condenação" (Tg 5,12).

A verdade torna-se sinônimo de justiça, confiança, harmonia e felicidade. A mentira pode cobrir por um momento, mas ela não é duradoura. No relacionamento, a verdade traz confiança e respeito; a mentira destrói. Cícero, um dos grandes filósofos de Roma, dizia: "A verdade se corrompe tanto com a mentira como com o silêncio". Sócrates, filósofo grego, afirmava: "Quem melhor conhece a verdade é mais capaz de mentir". Rui Barbosa, ilustre advogado, jornalista, jurista, político, diplomata, ensaísta e orador brasileiro, afirmava: "A justiça pode irritar-se porque é precária. A verdade não se impacienta, porque é eterna". "A paz exige quatro condições essenciais: verdade, justiça, amor e liberdade" (João Paulo II).

A seguir, alguns textos da encíclica de São João Paulo II, *Veritatis Splendor*, que põe em evidência a doutrina da Igreja sobre a relação entre a verdade e a consciência moral.

> O esplendor da verdade brilha em todas as obras do Criador, particularmente no homem criado à imagem e semelhança de Deus (cf. Gn 1,26): a verdade ilumina a inteligência e modela a liberdade do homem, que, desse modo, é levado a conhecer e a amar o Senhor. Por isso, reza o salmista: "Fazei brilhar sobre nós, Senhor, a luz da vossa face" (Sl 4,7) (Introdução).

> A luz da face de Deus resplandece em toda a sua beleza no rosto de Jesus Cristo, "imagem do Deus invisível" (Cl 1,15), "resplendor da sua glória" (Hb 1,3), "cheio de graça e de verdade" (Jo 1,14): ele é "o caminho, a verdade e a vida" (Jo 14,6) (n. 2).

> Para que os homens possam realizar este "encontro" com Cristo, Deus quis a sua Igreja. Ela, de fato, "deseja servir esta única finalidade: que cada homem possa encontrar Cristo, a fim de que Cristo possa percorrer juntamente com cada homem o caminho da vida" (n. 7).

Se queremos realizar um discernimento crítico dessas tendências, capaz de reconhecer o que nelas existe de legítimo, útil e válido, e indicar, ao mesmo tempo, as suas ambiguidades, perigos e erros, devemos examiná-las à luz da dependência fundamental da liberdade da verdade, dependência que foi expressa do modo mais claro e autorizado pelas palavras de Cristo: "Conhecereis a verdade, e a verdade vos tornará livres" (Jo 8,32). Na verdade, a liberdade do homem encontra a sua verdadeira e plena realização precisamente nessa aceitação (n. 35).

Comentando sobra a dignidade da pessoa humana, ele afirma:

A consciência é a única testemunha: o que acontece na intimidade da pessoa fica velado aos olhos de quem vê de fora. Ela dirige o seu testemunho somente à própria pessoa. E, por sua vez, só esta conhece a própria resposta à voz da consciência (n. 57).

O juízo da consciência é um *juízo prático*, ou seja, um juízo que dita aquilo que o homem deve fazer ou evitar, ou então avalia um fato já realizado por ele (n. 59).

Para se ter uma reta consciência, enfatiza o papa:

O homem deve procurar a verdade e julgar segundo essa mesma verdade. Como diz o apóstolo Paulo, a consciência deve ser iluminada pelo Espírito Santo (cf. Rm 9,1), deve ser "pura" (2Tm 1,3), não deve com astúcia adulterar a palavra de Deus, mas manifestar claramente a verdade (cf. 2Cor 4,2) (n. 62).

De qualquer forma, é sempre da verdade que deriva a dignidade da consciência: no caso da consciência reta, trata-se da *verdade objetiva* acolhida pelo homem; no da consciência errônea, trata-se daquilo que o homem errando considera *subjetivamente verdadeiro* (n. 63).

Urge recuperar e repropor o verdadeiro rosto da fé cristã, que não é simplesmente um conjunto de proposições a serem acolhidas e ratificadas com a mente. Trata-se, antes, de um conhecimento existencial de Cristo, uma memória viva dos seus mandamentos, uma *verdade a ser vivida* (n. 88).

Vós sois o caminho, a verdade e a vida

Vós sois o caminho, a verdade e a vida,
o pão da alegria descido do céu.
Nós somos caminheiros que marcham para os céus.
Jesus é o caminho que nos conduz a Deus.
Vós sois o caminho, a verdade e a vida,
o pão da alegria descido do céu.
Da noite da mentira, das trevas para a luz,
busquemos a verdade, verdade é só Jesus.
Vós sois o caminho, a verdade e a vida,
o pão da alegria descido do céu.

Pecar é não ter vida, pecar é não ter luz,
tem vida só quem segue os passos de Jesus.
Vós sois o caminho, a verdade e a vida,
o pão da alegria descido do céu,
Jesus, verdade e vida, caminho que conduz
as almas peregrinas, que marcham para a luz.

12

Sede de entrega

"Entregue o seu caminho ao Senhor; confie nele, e ele agirá. Ele deixará claro como a alvorada que você é justo, e como o sol do meio-dia que você é inocente. Descanse no Senhor e aguarde por ele com paciência; não se aborreça com o sucesso dos outros nem com aqueles que maquinam o mal. Evite a ira e rejeite a fúria; não se irrite: isso só leva ao mal. Pois os maus serão eliminados, mas os que esperam no Senhor receberão a terra por herança" (Sl 37[36],5-9).

Dedicação é entrega total a uma tarefa ou pessoa. A pessoa dedicada trabalha e dá seu melhor para fazer o bem. A Bíblia diz que devemos ser dedicados a Deus e aos irmãos. Quem se entrega a Deus o agrada.

No Antigo Testamento, encontramos muitas passagens que incentivam a entrega a Deus e aos irmãos. Antes de entrar na terra prometida, em uma assembleia sagrada, Josué lembra ao povo de Israel todos os feitos grandiosos do Senhor em seu favor desde a saída do Egito, no deserto e na posse da terra que prometera. "Se, porém, não agrada a vocês servir ao Senhor, escolham hoje a quem irão servir, se aos deuses que os seus antepassados serviram além do Eufrates, ou aos deuses dos amorreus, em cuja terra vocês estão vivendo. Mas eu e a minha família serviremos ao Senhor" (Js 24,15).

Sob a orientação do sacerdote Eli, Samuel se entrega inteiramente ao serviço do Senhor: "Eles sacrificaram o novilho e levaram o menino a Eli, e Ana lhe disse: 'Meu senhor, juro por tua vida que eu sou a mulher que esteve aqui ao teu lado, orando ao Senhor. Era este menino que eu pedia, e o Senhor ouviu a minha súplica. Por isso, agora eu o ofereço ao Senhor. Por toda a sua vida será dedicado ao Senhor'. E ali adoraram o Senhor" (1Sm 1,25-28).

O profeta Jeremias adverte: "Vocês me procurarão e me acharão quando me procurarem de todo o coração" (Jr 29,13). No fim do reinado de Salomão, o historiador sagrado lembra: "À medida que Salomão foi envelhecendo, suas mulheres o induziram a voltar-se para outros deuses, e o seu coração já não era totalmente dedicado ao Senhor, seu Deus, como fora o coração do seu pai Davi" (1Rs 11,4).

Esdras era um sacerdote que liderou o segundo grupo de israelitas que retornaram da Babilônia em 457 a.C. Ele dedicou-se a estudar a Lei do Senhor e a praticá-la, e a ensinar os seus decretos e mandamentos aos israelitas (Esd 7,10). Os salmistas incentivavam: "Entregue o seu caminho ao Senhor; confie nele, e ele agirá" (Sl 37[36],5). "Eu te busco de todo o coração; não permitas que eu me desvie dos teus mandamentos" (Sl 119[118],10).

No Novo Testamento, principalmente Paulo aborda o tema: "Tudo o que fizerem, façam de todo o coração, como para o Senhor, e não para os homens, sabendo que receberão do Senhor a recompensa da herança. É a Cristo, o Senhor, que vocês estão servindo" (Cl 3,23-24). Na carta a Tito, Paulo lembra que Cristo se entregou por nós para que façamos o mesmo: "Ele se entregou por nós a fim de nos remir de toda maldade e purificar para si mesmo um povo particularmente seu, dedicado à prática de boas obras" (Tt 2,14). E ainda: "Quanto aos nossos, que aprendam a dedicar-se à prática de boas obras, a fim de que supram as necessidades diárias e não sejam improdutivos" (Tt 3,14). Pede a Timóteo: "Suporte comigo os meus sofrimentos, como bom soldado de Cristo Jesus. Nenhum soldado se deixa envolver pelos negócios da vida civil, já que deseja agradar àquele que o alistou. Semelhantemente, nenhum atleta é coroado como vencedor, se não competir de acordo com as regras" (2Tm 2,3-5).

São Charles de Foucauld, enquanto estava no mosteiro trapista de Akbes, na Síria (1890-1896), fez da oração pessoal uma série de meditações sobre os Evangelhos, como uma conversa da alma com Deus. Comentando Lucas 23,46: "Pai, em tuas mãos entrego meu espírito", escreveu: "Esta é a última oração de nosso Mestre, nosso Amado... ela poderia ser a nossa, não apenas no último momento, mas a oração de todos os nossos momentos".

Meu pai
(São Charles de Foucauld)

Meu Pai,
eu me abandono a ti.
Faz de mim
o que te agradar.
Não importa o que faças de mim,
eu te agradeço.
Estou pronto a tudo,
eu aceito tudo.
Tomara que tua vontade
se faça em mim,
em todas as tuas criaturas.
Eu não desejo nada mais,
meu Deus.
Eu coloco a minha alma
entre tuas mãos.
Eu a dou a ti, meu Deus,
com todo o amor
do meu coração,

porque eu te amo,
e é minha necessidade
colocar-me em tuas mãos,
sem medida,
com infinita confiança,
pois tu és meu Pai!

13

Sede de gratidão

Gratidão é uma atitude essencial para todos os que são beneficiados de alguma forma por Deus ou por qualquer pessoa. Faz parte da gratidão reconhecer o bem recebido. Somente quem tem um coração nobre é capaz de ser grato pelas inúmeras manifestações da bondade de Deus em sua vida e na vida da humanidade. O salmista canta: "Bendize, ó minha alma, ao Senhor, e tudo o que há em mim bendiga o seu santo nome" (Sl 103[102],1). "Darei graças ao Senhor por sua justiça; ao nome do Senhor Altíssimo cantarei louvor" (Sl 7,18).

São Pedro, em sua primeira carta, exorta a comunidade: "Bendito seja o Deus e Pai de nosso Senhor Jesus Cristo! Conforme a sua grande misericórdia, ele nos regenerou para uma esperança viva, por meio da ressurreição de Jesus Cristo dentre os mortos, para uma herança que jamais poderá perecer, macular-se ou perder seu valor. Herança guardada nos céus para vocês que, mediante a fé, são protegidos pelo poder de Deus até chegar à salvação prestes a ser revelada no último tempo" (1Pd 1,3-5).

Lucas, em seu Evangelho, conta uma cena comovente: "Sempre em caminho para Jerusalém, Jesus estava para entrar em uma aldeia, quando vieram-lhe ao encontro dez leprosos, que lhe pediam a cura. Jesus viu-os e disse-lhes: 'Ide, mostrai-vos aos sacerdotes'. Enquanto iam, sentiram-se curados, mas um só voltou para agradecer. Era um samaritano. Jesus perguntou pelos outros nove que não voltaram para agradecer a Deus. Disse ao samaritano. 'Levanta-te e vai, tua fé te salvou'" (cf. Lc 17,11-19). Nós, abençoados todos os dias com inumeráveis dons, sabemos agradecer?

O profeta Isaías agradece pelas maravilhas realizadas a favor do povo de Israel: "Ó Senhor, tu és o meu Deus; exaltar-te-ei e louvarei o teu nome, porque fizeste maravilhas; os teus conselhos antigos são verdade e firmeza" (Is 25,1). O autor do Apocalipse escreve: "Digno é o Cordeiro que foi morto de receber poder, riqueza, sabedoria, força, honra, glória e louvor" (Ap 5,12). Paulo a Timóteo: "Ao Rei eterno, o Deus único, imortal e invisível, sejam honra e glória pelos séculos dos séculos. Amém!" (1Tm 1,17). Aos Efésios, Paulo conclama: "Bendito seja o Deus e Pai de nosso Senhor Jesus Cristo, que nos abençoou com todas as bênçãos espirituais nas regiões celestiais, em Cristo" (Ef 1,3). Sejamos gratos em

todo tempo! Jamais seremos suficientemente agradeci-
dos por tudo o que recebemos.

Salmo 116,13-19

Tomarei o cálice da salvação
e invocarei o nome do Senhor.
Pagarei os meus votos ao Senhor,
na presença de todo o seu povo.
Preciosa é à vista do Senhor
a morte dos seus santos.
Oh, Senhor, deveras sou teu servo;
sou teu servo, filho da tua serva:
soltaste as minhas ataduras.
Oferecer-te-ei sacrifícios de louvor
e invocarei o nome do Senhor.
Pagarei os meus votos ao Senhor;
que eu possa fazê-lo na presença de todo o seu povo,
nos átrios da casa do Senhor,
no meio de ti, ó Jerusalém!
Louvai ao Senhor!

14

Sede de oração

Oração é um encontro com Cristo e um encontro com o Pai. Aquele que ora abre-se a Jesus, se oferece a ele. Na oração, o mais importante não é a atenção, embora essa deva ser buscada sempre; o fundamento está na intensidade do amor. Mais vale o silêncio que um longo discurso. O exemplo da oração está em Cristo; é preciso rezar como ele rezou. Rezar é viver em Deus, colocar-se em Deus com nosso corpo e com nosso espírito. Deus vai agir.

"Se meia hora de oração é apenas um momento de Deus, em um dia sem Deus ela não demora muito a morrer. Nesse caso, não era a verdadeira oração. Um dos critérios da oração autêntica é que ela espalha durante do dia inteiro o desejo de reencontrar a Deus" (André Seve, *30 minutos com Deus*, São Paulo, Cidade Nova, 1982, p. 30). A ânsia e o desejo de conhecer Cristo é um dos primeiros sinais do verdadeiro amor. Adverte René

Voillaume: "Não esperemos, para orar, termos vontade de orar. Aconteceria deixarmos de orar, quando mais precisamos fazê-lo" (René Voillaume, *Rezar para viver*, Petrópolis, Vozes, 1973, p. 12).

São caminhos da oração as dificuldades, a pobreza de espírito, a oração contemplativa, a fé, a Palavra de Deus, a correção fraterna, o oferecimento a Deus de um coração no qual Jesus possa vir orar a própria oração. O Cardeal Van Thuan testemunha: "Uma coisa é certa: é possível aprender muito sobre o que é a oração, sobre o espírito genuíno da oração, justamente quando se sofre por não poder rezar, devido à fraqueza física, à impossibilidade de concentrar-se, à aridez espiritual, com a sensação de ter sido abandonado por Deus e de estar tão longe dele a ponto de não lhe poder falar" (François X. N. Van Thuan, *Testemunhas da esperança*, São Paulo, Cidade Nova, 2002, p. 129).

"Quando vocês orarem, não usem muitas palavras, como fazem os pagãos. Eles pensam que serão ouvidos por causa do seu palavreado. Não sejam como eles, pois o Pai de vocês sabe do que é que vocês precisam, ainda antes que vocês façam o pedido" (Mt 6,7-8).

São Pedro Crisólogo ensina: "O que a oração pede, o jejum o alcança e a misericórdia o recebe". E acrescenta: "Há três coisas, meus irmãos, três coisas que mantêm a fé, dão firmeza à devoção e perseverança à virtude. São elas: a oração, o jejum e a misericórdia. O que a oração pede, o jejum alcança e a misericórdia recebe. Oração, misericórdia, jejum: três coisas que são uma só e se vivificam reciprocamente" (*Sermão 43*: PL 52, 320.322).

O Espírito Santo inspira e fecunda nossa oração. Ele torna nossa prece *saborosa*. Com seus sete dons, fortalece nossos pedidos e os eleva ao Pai, por meio de Cristo. Esse é o grande critério da verdadeira oração: "Outro critério importante para percebermos se estamos nos abastecendo da fonte do Espírito Santo é se estamos nos entregando sem segundas intenções àquilo que está acontecendo no momento presente" (Anselm Grün, *Fontes da força interior*, Petrópolis, Vozes, 3006, p. 83).

"Jesus será sempre o Mestre supremo da oração, não só porque dela falou com conhecimento de causa, mas pelo exemplo de sua vida, porque ele orou melhor do que qualquer outro homem. Jesus viveu a oração perfeita, em uma vida particularmente agitada e, por vezes, estafante" (René Voillaume, ibidem, p. 82).

Santo Agostinho adverte: "Quando reza, a pessoa procura um bem de Deus, não um bem de Deus para si, mas um bem que é Deus". Mahatma Gandhi lembra: "Oração não é pedir. É um anseio da alma. É uma admissão diária das próprias fraquezas. É melhor na oração ter um coração sem palavras do que palavras sem um coração". "A oração é uma chave que nos abre as portas do céu", afirma Santo Agostinho.

Na Igreja primitiva, toda solenidade incluía a recitação do Pai-Nosso. Era um privilégio que os recém-batizados o pronunciassem pela primeira vez na missa solene de Páscoa, após terem sido batizados na Vigília Pascal. O livro *Didaquê* nos fornece esse testemunho.

Essa *oração dominical*, assim chamada por ter sido ensinada pelo Senhor Jesus Cristo, é de uma riqueza extraordinária, reconhecida pelos padres e doutores da Igreja que, ao longo dos séculos, a têm comentado. Abre com a invocação *Abbá*, "paizinho", que aparece três vezes no Novo Testamento (Mc 14,36; Rm 8,15; Gl 4,6). Em Mateus (6,9-13), o Pai-Nosso inclui sete pedidos; em Lucas, cinco (Lc 11,2-4). "Pelo Pai-Nosso, Jesus comunica aos seus o direito de dizer *Abbá* como ele. Dá-lhes a participação de sua condição de Filho" (J. Jeremias, *Pai-Nosso: a oração do Senhor*, São Paulo, Paulus, 1976, p. 38).

"O Pai-Nosso supõe o acolhimento da inaudita e profunda mensagem pela qual todos os que se comprometem com Jesus, com a causa da paz messiânica e do amor misericordioso e libertador, se sintam aceitos no céu pelo Pai altíssimo e misericordiosíssimo" (Bernhard Häring, *Comentário ao Pai-Nosso*, Aparecida, Santuário, 1998, p. 8). O autor continua: "A primeira parte do Pai-Nosso contém a amorosa ousadia da relação eu-tu com o Deus que é amor. [...] A segunda parte trata da comunhão de amor com Cristo em relação ao próximo" (pp. 16-17).

"Pai nosso que estais nos céus"

Jesus manifestou o nome de seu Pai aos homens. "Pai justo, o mundo não te conheceu, mas eu te conheci, e estes sabem que tu me enviaste. Manifestei-lhes o teu nome, e ainda hei de lhes manifestar, para que o amor com que me amaste esteja neles, e eu mesmo esteja neles" (Jo 17,25-26). Certamente, Jesus sentiu uma alegria única aos nos revelar a intimidade do seu Pai.

"Santificado seja o vosso nome"

"Se permanecerdes em mim, e as minhas palavras permanecerem em vós, pedireis tudo o que quiserdes, e vos será dado" (Jo 15,7). A santificação do nome de Deus parte de uma atitude interior, do acolhimento do Espírito Santo que nos ajuda a santificar o nome do Senhor, em primeiro lugar pela vivência, na fé, na esperança e na caridade, das virtudes teologais. Sem elas, é impossível agradar a Deus ou santificar o seu nome. A busca da santidade constitui a mais perfeita santificação do nome de Deus.

Esse é o primeiro pedido, no qual imploramos que o nome de Deus seja manifestado em nós e por nós proclamado. O nome de Deus é, antes de tudo, admirável, porque em todas as criaturas opera obras maravilhosas. É amável, porque acolhe toda a humanidade no seu infinito amor. Nome três vezes santo, acima de todo nome.

"Santificar o Nome de Deus é, antes de mais nada, um louvor que reconhece Deus como Santo. De fato, Deus revelou o seu santo Nome a Moisés e quis que o *seu* povo lhe fosse consagrado como uma nação santa na qual ele habita" (*Compêndio do CIgC*, n. 588).

"Venha a nós o vosso Reino"

"Depois que João foi preso, Jesus dirigiu-se para a Galileia. Pregava o Evangelho de Deus, e dizia: 'Completou-se o tempo e o Reino de Deus está próximo; fazei penitência e crede no Evangelho'" (Mc 1,14-15). A Igreja é o Reino de Deus. Ela foi chamada para ser serva, anunciadora do Reino de Deus. Bernhard Häring comenta: "A Boa-Nova do Reino de Deus, como também nossa oração pela vinda do Reino de Deus são uma grandiosa oferta da parte de Deus" (B. Häring, ibidem, p. 34). "Para mim, orar é estar ao longo de vinte e quatro horas unida à vontade de Jesus, viver para ele, por ele e com ele" (Santa Teresa de Calcutá). Assim se acolhe o Reino de Deus.

"A Igreja invoca a vinda final do Reino de Deus mediante o regresso de Cristo na glória. Mas a Igreja reza também para que o Reino de Deus cresça, já hoje, graças à santificação dos homens no Espírito e graças ao seu empenho ao serviço da justiça e da paz, segundo as bem-aventuranças" (*Compêndio do CIgC*, n. 690).

Aqui na terra, o Reino de Deus realiza-se processualmente: em sua forma acabada, supõe a perfeita submissão de todas as coisas a Deus. É preciso que tudo lhe seja submetido (cf. 1Cor 15,25). A vinda do Reino de Deus, no fim dos tempos, será também a destruição da morte. Cristo é a vida. O último inimigo a ser destruído será a morte, o que quer dizer que, na ressurreição, o Salvador transformará nosso corpo de miséria, e o tornará semelhante ao seu corpo glorioso (cf. Fl 3,21).

"Seja feita a vossa vontade, assim na terra como no céu"

Jesus ensina: "Aquele que faz a vontade de Deus, esse é meu irmão, minha irmã e minha mãe" (Mc 3,35). "Nem todo aquele que me diz: 'Senhor! Senhor!', entrará no Reino dos Céus, mas apenas aquele que faz a vontade de meu Pai que está nos céus" (Mt 7,21). "Ele lhes disse: 'Minha mãe e meus irmãos são estes: os que ouvem a Palavra de Deus e a observam'" (Lc 8,21). Trata-se de sintonizar nossa vontade à de Deus. Ele sabe o que realmente nos convém. Nossa vontade não é abolida, mas sublimada.

O reconhecimento da vontade de Deus em cada momento presente realiza-se como profunda visão do plano salvífico de Deus, tal como ele se tornou visível em Jesus Cristo, seu Filho e nosso Salvador. Jesus, por meio de tudo o que ele faz e diz, por sua vida e por sua morte, revela a vontade amorosa, o plano salvífico do Pai" (B. Häring, ibidem, p. 47).

A vontade do Pai é que "todos os homens sejam salvos" (1Tm 2,3). Para isso Jesus veio: para realizar perfeitamente a Vontade salvífica do Pai (*Compêndio do CIgC*, n. 591).

"O pão nosso de cada dia nos dai hoje"

Uma vez que "o homem não vive só de pão, mas de toda palavra que sai da boca de Deus" (Mt 4,4), esse pedido refere-se igualmente à fome da *Palavra de Deus* e à do *Corpo de Cristo* recebido na Eucaristia, bem como à fome do Espírito Santo. Nós o pedimos com uma confiança absoluta, para *hoje*, o hoje de Deus, e isso nos é dado sobretudo na Eucaristia, que antecipa o banquete do Reino que há de vir (*Compêndio do CIgC*, n. 593).

Podemos ver no pão e em tudo o que é terreno os dons do único Pai de todos, e, por eles, sentir-nos unidos a ele e entre nós, ou transformar-nos em prisioneiros do egoísmo ou em irreconciliáveis galos de briga, em luta de vida ou morte pelo meu pão e pelo seu pão (Bernhard Häring, ibidem, p. 59).

Pedimos também o pão espiritual de cada dia, a Eucaristia. Cristo é o pão que nos alimenta para a eternidade.

"Eu sou o pão da vida. Aquele que vem a mim não terá mais fome, e aquele que crê em mim nunca mais terá sede" (Jo 6,35). "Este é o pão que desce do céu, para que todo aquele que dele comer não morra. Eu sou o pão vivo que desceu do céu; se alguém comer deste pão, viverá eternamente; e o pão que eu darei é a minha carne, entregue pela vida do mundo" (Jo 6,50-51). "Em verdade, em verdade vos digo: se não comerdes a carne do Filho do Homem e não beberdes o seu sangue, não tereis a vida dentro de vós" (Jo 6,53).

"Perdoai-nos as nossas ofensas, assim como nós perdoamos a quem nos tem ofendido"

Pedro aproximou-se de Jesus e perguntou: "Senhor, quantas vezes deverei perdoar a meu irmão, quando ele pecar contra mim? Até sete vezes?" Jesus respondeu: "Eu te digo, não até sete vezes, mas até setenta vezes sete" (Mt 18,21-22).

A misericórdia penetra no nosso coração somente se também nós soubermos perdoar, mesmo os nossos inimigos. Ora, mesmo que ao homem pareça impossível satisfazer essa exigência, o coração que se oferece ao Espírito Santo pode, como Cristo, amar até o extremo do amor, mudar a ferida em compaixão, transformar a ofensa em intercessão. O perdão participa da misericórdia divina e é um ponto alto da oração cristã (*Compêndio do CIgC*, n. 595).

O perdão de Deus tornado visível em Cristo paga o mais alto preço para nos resgatar da escravidão do ódio, da vingança e da falsidade. Jamais conseguiremos admirá-lo suficientemente: tanto Deus amou a nós, pecadores! Ele nos mostrou e abriu, por seu muito amado Filho, sofredor e manso, o caminho para a verdadeira liberdade, a reconciliação e a salvação (B. Häring, ibidem, p. 77).

Se dissermos que não temos pecado, a nós mesmos nos enganamos, e a verdade não está em nós. Se reconhecemos nossos pecados, então Deus se mostra fiel e justo, para nos perdoar os pecados e nos purificar de toda injustiça. Se dissermos que nunca pecamos, fazemos dele um mentiroso, e sua palavra não está em nós (1Jo 1,8-10).

Somos todos pecadores. Desde o princípio, a humanidade não foi fiel a Deus. A herança dos nossos primeiros pais nos atinge em todo o nosso ser. Cristo, por sua Paixão, morte e ressurreição, nos libertou do pecado nas águas do Batismo e continua nos perdoando ao longo de nossa existência. Lembro uma frase muito querida pelo padre Paulo Bratti, presbítero da Arquidiocese de Florianópolis: "Sou um pecador que Deus amou". Somos todos pecadores amados por Deus.

"E não nos deixeis cair em tentação"

"Vigiai e rezai, para não cairdes em tentação" (Mt 26,41). "Bem-aventurado o homem que sofre a tentação, porque, quando for provado, receberá a coroa da vida, que o Senhor prometeu aos que o amam. Ninguém, tentado, diga: 'É Deus que me tenta'; porque Deus não pode ser tentado pelo mal, e a ninguém tenta. Antes, cada um é tentado pela própria concupiscência, que o arrasta e seduz" (Tg 1,12-14).

"Nós pedimos a Deus Pai que não nos deixe sozinhos e à mercê da tentação. Pedimos ao Espírito para sabermos discernir entre a *provação* que ajuda a crescer no bem e a *tentação* que conduz ao pecado e à morte, e, ainda, entre *ser tentados* e *consentir* na tentação" (*Compêndio do CIgC*, n. 596).

Deus envia tribulações aos justos; se suportam com paciência, sua virtude é manifesta. São Paulo lembra que a luta contra o mal é difícil (cf. Ef 6,12). Por isso, "bem-aventurado o homem que suporta a tentação; porque depois de ser provado, receberá a coroa da vida" (Tg 1,12). A prática da caridade vence o pecado, porque nos aproxima de Deus, que é amor. Santo Agostinho afirma: "Ama, e faze o que queres". Quem ama, jamais desejará fazer o mal.

"Mas livrai-nos do mal"

> Pedimos também o dom precioso da paz e a graça da espera perseverante da vinda de Cristo, que nos libertará definitivamente do Maligno (*Compêndio do CIgC*, n. 597).

Escreve José Antônio Pagola:

> Este pedido final, que se encontra em Mateus, reforça e culmina toda a oração. O mal está sempre presente com todo o seu poder. Jesus nos convida a não viver com medo, mas com grande confiança no Pai. Livra-nos do mal. Somos responsáveis pelos nossos pecados, mas somos também vítimas. O mal e a injustiça não estão só em nossos corações, estão também nas estruturas e instituições. Estão na dinâmica da história. Às vezes parece que o poder do mal vai invadir tudo. Pai, arranca-nos do mal (*Grupos de Jesus*, Petrópolis, Vozes, 2014, p. 280).

Pai-Nosso

Pai nosso que estais nos céus, santificado seja o vosso nome, venha a nós o vosso Reino, seja feita a vossa vontade, assim na terra como no céu. O pão nosso de cada dia nos dai hoje; perdoai-nos as nossas ofensas, assim como nós perdoamos a quem nos tem ofendido; e não nos deixeis cair em tentação, mas livrai-nos do mal. Amém.

15

Sede de vida

"Eu sou a porta. Se alguém entrar por mim será salvo; tanto entrará como sairá e encontrará pastagem. O ladrão vem só para roubar, matar e destruir. Eu vim para que as ovelhas tenham vida e para que a tenham em abundância. Eu sou o bom pastor. O bom pastor dá a vida pelas suas ovelhas. Mas o mercenário, que não é pastor, e a quem as ovelhas não pertencem, vê o lobo chegar e foge; e o lobo as arrebata e dispersa. Ora, o mercenário foge, porque é mercenário e não tem cuidado das ovelhas. Eu sou o bom pastor. Conheço as minhas ovelhas e elas me conhecem, assim como o Pai me conhece e eu conheço o Pai. Eu dou minha vida pelas ovelhas" (Jo 10,9-15).

A Sagrada Escritura usa a expressão "Eu Sou" para indicar a divindade. Quando Moisés pergunta ao Senhor, na aparição junto à sarça ardente, qual o seu nome, Javé responde: "Assim dirás aos filhos de Israel: Eu Sou me enviou a vós" (Ex 3,14). Nos Evangelhos, Jesus se identifica com Deus: "Em verdade, em verdade, vos digo: antes que Abraão existisse, Eu Sou" (Jo 8,58). A Pilatos Jesus respondeu: "Eu sou rei" (Jo 18,37). Jesus também diz: "Eu sou o pão da vida" (Jo 6,48). "Eu sou a porta das ovelhas" (Jo 10,9). "Eu sou o caminho, a verdade e a vida" (Jo 14,6). Jesus vai ao encontro dos discípulos amedrontados pelo vento contrário e o mar agitado. "Pensando que fosse um fantasma, começaram a gritar de medo. Jesus os acalma: 'Coragem! Sou eu. Não tenhais medo!'" (Mt 14,27).

Jesus é o Senhor da vida. Na cruz, ele venceu a morte: "Sou aquele que vive. Estive morto, mas agora estou vivo para todo o sempre. Eu tenho as chaves da morte e do Hades" (Ap 1,18). São Pedro anuncia: "Mas Deus o ressuscitou dos mortos, rompendo os laços da morte, porque era impossível que a morte o dominasse" (At 2,24). Os anjos anunciam às mulheres: "Não tenham medo! Vocês estão procurando Jesus, o nazareno, aquele que foi crucificado? Ele ressuscitou! Não está aqui! Vejam o lugar onde o haviam posto!" (Mc 16,6). "Vocês mataram o autor da vida, mas Deus o ressuscitou dos mortos. E nós somos testemunhas disso" (At 3,15).

A Marta, que vai ao encontro de Jesus após a morte de Lázaro, Jesus assegura: "Eu sou a ressurreição e a vida. Aquele que crê em mim, ainda que tenha morrido, viverá; e quem vive e crê em mim, não morrerá eterna-mente. Crês nisto?" (Jo 11,25-26). Paulo escreve a Timó-teo: "Esta graça foi agora manifestada pela aparição de nosso Salvador, Cristo Jesus, o qual destruiu a morte e fez brilhar a vida e a imortalidade por meio do Evange-lho" (2Tm 1,10). Em sua primeira carta, Pedro anuncia: "Bendito seja o Deus e Pai de nosso Senhor Jesus Cristo! Conforme a sua grande misericórdia, ele nos regenerou para uma esperança viva, por meio da ressurreição de Jesus Cristo dentre os mortos" (1Pd 1,3).

O pecado dos nossos primeiros pais introduziu a morte no mundo "A ressurreição dos mortos, ensina São Paulo, veio por meio de um só homem, Jesus! Visto que a morte veio por meio de um só homem, também a ressur-reição dos mortos veio por meio de um só homem" (1Cor 15,21). E conclama: "'Onde está, ó morte, a tua vitória? Onde está, ó morte, o teu aguilhão?'. Ora, o aguilhão da morte é o pecado e a força do pecado é a Lei. Graças sejam dadas a Deus, que nos dá a vitória por meio de nosso Senhor Jesus Cristo" (1Cor 15,55-57).

A vida em abundância da qual a Bíblia fala está dire-tamente ligada à suficiência de Cristo na salvação de seu povo. Já hoje desfrutamos dessa vida abundante, mas a presença do Espírito Santo em nós, como selo garantidor da nossa herança, testifica que essa vida abundante al-cançará sua plenitude quando estivermos com Deus para todo o sempre. Canta o salmista: "Pois em ti está a fonte da vida; graças à tua luz, vemos a luz" (Sl 36[35],10).

A abundância que Jesus nos oferece não é a abundância que o mundo oferece. Jesus afirma a Nicodemos: "Porque Deus tanto amou o mundo que deu o seu Filho unigênito, para que todo aquele que nele crer não pereça, mas tenha a vida eterna" (Jo 3,16). Paulo escreve aos Gálatas: "Já não sou eu quem vive, mas Cristo vive em mim. A vida que agora vivo no corpo, vivo-a pela fé no Filho de Deus, que me amou e se entregou por mim" (Gl 2,20).

O salmista exclama: "Uma coisa pedi ao Senhor e a procuro: que eu possa viver na casa do Senhor todos os dias da minha vida, para contemplar a bondade do Senhor e buscar sua orientação no seu templo" (Sl 27[26],4). O autor do livro dos Provérbios assegura: "O temor do Senhor é fonte de vida e afasta das armadilhas da morte" (Pr 14,27).

Cristo, primogênito de toda criatura (Cl 1,12-20)

Demos graças a Deus Pai onipotente,
Que nos chama a partilhar, na sua luz,
Da herança a seus santos reservada!
R. Glória a vós, primogênito dentre os mortos!

Do império das trevas arrancou-nos
E transportou-nos para o reino de seu Filho,
Para o reino de seu Filho bem-amado,
No qual nós encontramos redenção,
Dos pecados, remissão pelo seu sangue. **R.**

Do Deus invisível, é a imagem,
O Primogênito de toda criatura;
Porque nele é que tudo foi criado,
O que há nos céus e o que existe sobre a terra,
O visível e também o invisível. **R.**

Sejam Tronos e Poderes que há nos céus,
Sejam eles Principados, Potestades:
Por ele e para ele foram feitos.
Antes de toda criatura ele existe,
É por ele que subsiste o universo. **R.**

Ele é a Cabeça da Igreja, que é seu Corpo,
O Princípio, o Primogênito entre os mortos,
A fim de ter em tudo a primazia.
Pois foi do agrado de Deus Pai
Que a plenitude habitasse
No seu Cristo inteiramente. **R.**

Aprouve-lhe também, por meio dele,
Reconciliar consigo mesmo as criaturas,
Pacificando pelo sangue de sua cruz
Tudo aquilo que por ele foi criado,
O que há nos céus
E o que existe sobre a terra. **R.**

Conclusão

Como Agostinho, exclamemos: "Tu nos criaste para ti mesmo e nossos corações vivem inquietos enquanto não acharem repouso em ti". A humanidade sempre terá sede e fome de Deus. Vivemos à procura da fonte de água que nos sacie definitivamente. O salmista revela seu anseio: "Como a corça anseia por águas correntes, a minha alma anseia por ti, ó Deus. A minha alma tem sede de Deus, do Deus vivo. Quando poderei entrar para apresentar-me a Deus?" (Sl 42[41],2-3).

Deus, fonte de água viva, é fonte de todas as virtudes. Escreve Anselm Grün: "Irradiar Deus significa irradiar calma, ternura, amplitude, liberdade, paz e amor. Se as pessoas sentem isso em nós, então podemos falar adequadamente sobre Deus. Sem essa irradiação, o discurso sobre ele permanece apenas teórico. Frequentemente se trata apenas de um discurso vazio" (Anselm Grün, *Reconciliar-se com Deus*, Petrópolis, Vozes, 2014, p. 163).

"O cristianismo não é nem um sistema nem uma ideologia: o cristianismo é alguém, é Cristo e, consequentemente, uma relação com Cristo, cuja própria pessoa é a verdade" (Olivier Clément, *Taizé, um sentido para a vida*, São Paulo, Paulus, 2004, pp. 41-42). Enquanto caminhamos para Deus, estaremos sedentos do infinito, da vida em plenitude.

O Cardeal José Tolentino de Mendonça nos recorda: "Amar e ser amado são faculdades tanto divinas como humanas, mas o único e verdadeiro amor é o de Deus, porque tudo tem sua origem nele. A causa pela qual devemos amar a Deus e amarmo-nos uns aos outros é o próprio Deus" (*Nenhum caminho será longo*, São Paulo, Paulinas, 2013, p. 111). Não conseguiremos amar de verdade enquanto não bebermos da fonte do amor.

Canta o salmista: "Só em Deus repousa, ó minha alma, pois dele vem a minha esperança. Somente ele é a rocha que me salva; ele é a minha torre alta! Não serei abalado! A minha salvação e a minha honra de Deus dependem; ele é a minha rocha firme, o meu refúgio. Confia nele em todos os momentos, ó povo; derrama diante dele o coração, pois ele é o nosso refúgio" (Sl 62[61],6-9). Por isso, Jesus declara: "Bem-aventurados os que têm fome e sede de justiça, porque serão saciados" (Mt 5,6).

Paulinas

Rua Dona Inácia Uchoa, 62
04110-020 – São Paulo – SP (Brasil)
Tel.: (11) 2125-3500
paulinas.com.br – editora@paulinas.com.br
Telemarketing e SAC: 0800-7010081